왜 우리는 생각대로 행동하지 않을까

철학 높이뛰기

외르크 베르나르디 지음 / 이수영 옮김

시금치

차례

머리말

생각의
모험 속으로
뛰어들기

생각의 모험 속으로 뛰어든 사람은 곧바로 답을 구하기 어려운 질문들을 던진다. 그런 질문들을 깊이 생각하기 시작하면 답을 얻기보다는 더 많은 의문을 가질 수도 있다. 그래서 스스로 생각하는 일은 부러 애써서 해야 하지만, 새로운 것을 꿈꿀 수 있게 해 준다. 때로는 불편한 사실을 알게 되는 것도 각오해야 한다. 어떤 때는 도무지 해답이 보이지 않는 모순에 빠지기도 한다. 하지만 그 보답으로 지금까지 감춰져 있던 생각의 세계가 열리기를 기대할 수 있다.

상상력의 한계에 부딪힐 때까지

우주의 무한함은 상상하기 어렵다. 수학 공식으로만 파악될 뿐이다. 그에 반해 시작과 끝이 없는 원의 무한함은 상상할 수 있다.

스스로 생각하면 행동의 자유를 얻을 수 있다

생각 속에서 자기 자신을 만나는 건 모든 인간이 체험할 수 있는 흥미로운 모험이다. 이 책은 익숙한 관점에 의문을 제기한다. 그래서 이 책을 다 읽고 나면 자신의 삶과 현실이 지금까지와는 다르게 보일 수도 있다. 스스로 생각하는 것은 삶에 새로운 시야를 열어 주기 때문이다. 다르게 생각하는 사람은 다르게 행동할 수 있다. 행동이 따르지 않는 생각은 공허하고, 생각 없는 행동은 맹목적이다! 우리는 자기 인식의 모험을 통해야만 무언가를 깨달을 수 있다. 설령 삶에서 바꾸고 싶은 게 별로 없다고 하더라도 그것 역시 자기 인식의 모험을 통해서 알 수 있다.

하지만 명심해야 한다. 스스로 생각한다는 건 돌이킬 수 없는 과정이다. 자신에 대해 묻고 자신을 변화시키는 사람은 조금이나마 세상도 바꿀 수 있다.

여러 가지 질문을 던져 보자

즉시 대답할 수 있는 질문

답이 여러 개인 질문

다른 누군가가 더 잘 대답할 수 있는 질문

책을 찾아보고서야 답을 할 수 있는 질문

이 질문들 중에서 가장 흥미로운 질문은?

자기 자신의 삶을 생각하라!

이 책은 나에서 시작해 자연과 동물, 이웃을 넘어 삶의 의미로 나아간다. 다루고자 하는 내용의 중심에는 언제나 인간이 있다. 우정과 사랑, 언어와 사회, 미디어 등 무엇을 이야기하든 그 중심은 타인과의 관계 속에 있는 인간이다. 구체적인 삶의 상황과 연관해서 삶의 중요한 질문들을 던진다. 그러므로 자신의 경험이 그 질문에 대한 답을 찾는 데 도움이 될 것이다. 예를 들어, 정의가 무엇인지 이해하기 위해서는 가족 간의 일상생활을 살펴볼 것이다. 사랑이라는 주제는 사랑에 빠질 상대를 내가 고를 수 있을까라는 단순한 질문으로 시작한다. 동물에 관한

장에서는 사람들의 식습관이 동물에 대한 사고에 어떤 영향을 주는지 묻는다. 그리고 '나라는 개인은 실제로 어떤 존재일까?'라는 질문을 통해 삶에서 우리가 좋아하는 것은 무엇이고, 매일 무엇을 하면서 사는가 하는 문제들을 생각해 본다. 자신의 삶과 사회의 조건을 살펴보는 것은 자신의 현재와 미래를 다른 눈으로 볼 수 있게 해 준다.

문제에 접근하는 철학적 방법 중 하나가 '생각 실험'이다. 생각 실험은 상상을 현실인 것처럼 행동하는 것이다. 때로는 극단적인 가정을 기반으로 매우 선명한 대립과 갈등을 보여주는 가상 세계를 그려 낸다. 이러한 생각 실험은 매우 단순할 수도 있고, 이상하거나 모순되게 짜여 있을 수도 있다. 더 나아가 다른 생각을 하게끔 자극하기도 한다. 이 가상 세계에 일단 발을 들여놓으면, 어디로 가서 어디서 나올지 아무도 정확히 모른다. 어디까지 가고 싶은지는 스스로 결정해야 한다. 바로 거기에 생각의 자유가 있다.

이 책은 모든 방향으로 열려 있다. 그러니 어떤 장부터 읽어도 괜찮다. 함께 생각을 이어 나가다 보면 어떤 특정한 생각을 전혀 다른 곳에서 다시 만날 수 있을 것이다. 이러한 깨우침을 얻기 위해서는 늘 정신과 눈을 열어 둬야 한다. 이 책은 눈뿐만 아니라 귀, 온몸, 모든 감각으로 읽어야 한다. 철학과 생각은 지각과 육체적인 경험으로 시작된다. 그러니 시간을 들여 스스로 묻고 대답하기를 발전시켜나가야 한다. 다른 사람의 생각과 말을 따라하는 건 아무 소용이 없기 때문이다.

철학 미션

어떤 질문에 대한 답을 찾고 있는지 생각해 보자.

1

첫 번째 생각 실험

여러분의 이웃이 좀비라고 생각해 보자. 철학에서 볼 때 좀비는 주관적인 내면생활이 없는 인물이다. 다시 말하면 내적인 체험이 전혀 없다. 우리는 어떻게, 어떤 점을 보고 이웃이 좀비라는 사실을 알게 될까?

내가 정말로 존재할까?

　　말할 필요도 없이 나는 존재한다. 자세히 살펴보면 아주 선명하게 느끼지는 못할지라도 나는 자아를 의식할 수 있다. 나의 자아는 직감적으로 매 순간 존재한다. 하지만 내가 존재하는 걸 어떻게 확신할 수 있을까? 나는 나의 자아를 어떻게 지각할까? 나에게 매우 자연스럽게 느껴지는 이 자아는 대체 무엇일까? 팔을 살짝 꼬집어만 봐도 내가 존재한다는 사실을 분명히 알 수 있다. 하지만 자아는 논리적으로 설명하거나 자연과학적으로 증명하기가 쉽지 않다. 자아는 그만큼 내 삶에서 가장 당연한 것이면서도 수수께끼 같은 대상이다. 인간의 자아는 문자 그대로 모순적이고 역설적이다. 어떤 철학자들은 자아는 실재하는 것이고 우리가 확실히 아는 것이라고 주장한다. 또 다른 철학자들은 자아를 단순한 환상으로 치부한다.

　　자아의 진실에 좀 더 가까이 다가가려는 철학적 방법 중 하나가 바로 의심이다. 우리가 감각적으로 지각하는 모든 것을 의심하는 것이다. 이는 프랑스 철학자 르네 데카르트의 방법이다.

"나는 생각한다.
고로 나는 존재한다."
―르네 데카르트

우리는 작정하면 모든 것을 의심할 수 있다. 세상이 진짜 존재하는지도 확신할 수 없다. 내

12

삶도 내가 꾸는 한낱 꿈에 불과할지 모른다. 내가 어떤 기계에 연결되어 있고 그 기계 때문에 내가 가짜를 진짜라고 믿는 건지도 모른다. 내가 경험하는 모든 것이 가짜일 수도 있다. 그렇다면 내가 존재한다는 것은 어떻게 확신할 수 있을까?

다 함께 가정해 보자. 가령 모든 존재는 허상일 뿐이라고 생각해 보자. 우리가 보고 듣고 냄새 맡는 모든 것들은 우리의 감각이 일으키는 착각일 수 있다. 전 세계도 실제로는 상상의 세계일 수도 있다. 우리의 감정, 생각, 감각 들이 이 세계가 존재한다고 우리를 속인 것일 수 있다. 하지만 나 자신과 내 존재까지도 의심할 수 있을까? 우리가 아는 이 세계는 우리의 감각을 통해 아는 것이라고 가정한다면, 그 모든 감각적 지각을 없앴을 때 마지막에 무엇이 남을까? 의심하고 있는 내가 존재한다는 명확한 사실만이 남는다.

내 몸과 나는 별개일까?

　　"나는 생각한다, 고로 나는 존재한다." 데카르트의 이 문장은 나의 존재에 대한 증명이 될 수 있었을 것이다. 몇 가지 사소한 문제만 없다면 말이다. 첫째 이 문장은 아무런 근거도 제시하지 않으면서 무작정 생각하는 자아를 전제한다. '나는 존재한다'라는 사실을 증명하기 위해 아직 증명되지 않은 '나는 생각한다'를 내세운 것이다. 둘째로 이 명제는 인간의 몸과 자아가 나눠져 있다고 전제한다. 데카르트는 정신적 실체와 물질적 실체에 대해 말했다. 정신은 감각적으로 파악할 수 없는 나의 자아이며 생각하는 실체이다. 반면 몸은 공간과 시간 속에서 감각적으로 지각할 수 있는 물질적 실체이다. 한쪽에는 정신적 인식과 나의 생각이 있고, 다른 한쪽에는 감각적 지각과 몸이 있다. 지각하는 몸과 생각하는 정신이 근본적으로 서로 다른 실체라는 견해는 오랫동안 타당한 이론으로 여겨져 왔다. 하지만 그 견해를 일상적인 경험에 비춰 보면 상당한 의구심이 든다. 내 몸이 존재하지 않는다는 걸 과연 믿을 수 있을까? 몸과 정신이 서로 분리되어 있다는 게 가능할까? 무엇보다 이런 의문이 떠오른다. 내가 말하고, 생각하고, 행동할 때 몸과 정신은 어떻게 연결되어 있을까? 오늘날까지도 정신과 물질의 문제는 해결되지 않았다. 자연과학 분야에서도 이 문제는 여전히 설명되지 않는 구멍으로 남아 있다.

14

자아는 단순한 뇌의 작용일까?

이웃 중에 좀비가 있다고 생각해 보자. 철학적으로 좀비는 주관적인 내면생활이 없는 존재이다. 하지만 그 외에는 지극히 정상적인 인간처럼 행동한다. 좀비는 아침에 일어나 밥을 먹고, 일하러 가고, 취미생활을 한다. 보통의 인간 행동과 거의 같다. 유일한 차이가 있다면 좀비는 그런 행동을 하면서 아무것도 느끼지 못한다는 사실이다. 좀비는 주체성이 없다. 다시 말해 정신적 체험이 전혀 없다는 것이다. 그럼 우리는 어떻게 이웃이 좀비라는 것을 알 수 있을까?

신경과학은 지난 수십 년 동안 자아를 새로이 규명하려고 애써 왔다. 자아를 설명할 수 있는 것은 뇌이다. 신경과학에서는 우리의 생각을 정신 활동의 산물로 여기지 않는다. 생각은 우리의 주관적인 경험으로 만들어진 분자와 신경세포들의 결합을 통해 생기는 것이라고 본다. 모든 생각, 소망, 감정은 뇌의 활동일 뿐이라는 것이다. H_2O 분자들이 모여 물을 이룬 것처럼 말이다. 따라서 자아도 단순히 뇌의 작용이라고 여긴다. 여기서는 정신적인 것이 모두 물질적인 과정으로 환원된다. 이를 철학에서는 '유물론'이라고 부른다. 신경과학에서 자아는 내가 생각하는 것이나 주관적인 체험과는 전혀 다른 무엇이다.

또 일부 신경과학자들과 철학자들은 자아는 정신의 가공물이며,

생존에는 딱히 필요가 없는 주관적인 가설로 여긴다. 자아는 인간 생존을 위해 필요한 잉여가치를 만들지 못하는, 우리 뇌의 설명하기 어려운 부수적 효과에 불과하다는 말이다. 또한 그들은 감정과 느낌과 기분에 끊임없이 휘둘리지 않는다면 인간은 훨씬 더 잘 살고 더 낫게 행동할 것이라고 말한다. 이런 관점에서는 좀비와 주관적인 체험을 하는 인간은 큰 차이가 없다.

"생각한다는 건 생각을 이리저리 움직이는 것뿐만 아니라 생각을 멈추는 것이기도 하다."
―발터 벤야민

누가 내 안에서 생각할까? 정신일까, 육체일까, 아니면 둘 다일까?

고대부터 철학자들은 몸과 정신의 관계에 대한 논쟁을 벌여 왔다. 어떤 철학자는 몸과 정신은 나뉘어 있고, 죽은 뒤에는 정신의 한 부분(영혼)이 영원으로 들어간다고 믿었다. 또 다른 철학자들은 몸과 정신이 서로 결합되어 있다고 믿었다. 이들은 인간의 정신은 물질로 이루어져 있고, 몸과 함께 죽는다고 생각했다. 아주 오래된 이 논쟁은 육체와 영혼의 이원론이라는 이름으로 철학사에서 반복적으로 등장했다. 그러나 분리된 실체인 육체와 정신이 어떻게 서로 소통하고 작용하는지는 오늘날까지도 설명되지 않는다.

나는 나의 주인이 아니다

인간의 의식은 의식적 체험으로 만들어지는 한 '부분'이다. 다시 말하면 우리는 우리 뇌가 가진 능력의 10퍼센트만 의식으로 사용하고, 우리 뇌의 대부분은 의식적 체험이 불가능한 무의식으로 이뤄졌다. 그런데도 우리의 자아에 의식이 그 무엇보다도 결정적인 역할을 한다고 우리는 어떻게 확신할 수 있을까?

몇몇 철학자와 과학자들은 무의식이 우리가 생각하는 것보다 우리 삶에서 훨씬 더 큰 역할을 한다고 주장한다. 심지어 어떤 지점에서 자아는 직접적인 의식적 결정과 상관없다고 말하기도 한다. 그들의 견해에 따르면 무의식적인 욕망, 소망, 의지의 충동이 결정에 중요한 영향을 준다는 것이다. 나는 나의 주인이 아니다. 이는 정신분석학자 지크문트 프로이트가 한 말이다. 철학에는 자아가 의식적 이성의 지배를 받느냐 무의식적 의지의 지배를 받느냐에 대한 해묵은 논쟁이 있다. 분명한 건 뇌에서 일어나는 수많은 과정은 무의식으로 이뤄진다는 것이다. 우리는 대부분의 뇌 활동을 쫓아가지 못한다. 그게 아니라면 우리는 쏟아지는 수많은 정보와 인상들을 감당하지 못하고 미쳐버릴지 모른다. 나는 내가 생각하고 지각하는 것보다 훨씬 더 많은 것으로 이뤄져 있다. 그런데 무의식은 어디까지 작용하는 것일까? 무의식적인 지식(앎)이라는 것도 가능할까?

토마토의 붉은색에 대한 생각 실험

메리는 색채 전문가이다. 그래서 인간의 색채 인지에 대한 물리적인 요인들을 다룰 줄 안다. 눈의 망막과 색의 파장이 어떤 작용을 하는지 정확하게 설명할 수 있다. 그런데 메리는 지금까지 색이 없는 연구실에서 일해 왔다. 메리가 직접 본 색은 검은색, 흰색, 회색뿐이었다. 하지만 사람들이 색에 대해서 이야기하고 생각하는 모든 것을 잘 알고 있다.

어느 날 메리는 무채색으로 된 연구실을 나가게 되었다. 그리고 지난 수년 동안 연구한 것을 직접 보게 된다. 진짜 색채들이 눈앞에 펼쳐진 것이다. 메리가 토마토를 실제로 보게 된다면 다음 두 가지 가능성을 생각할 수 있다.

1

메리는 잘 익은 토마토를 보고 나서야 토마토의 붉은색이 어떤 건지 알게 된다. 메리가 '토마토의 붉은색'에 대해 많은 걸 알고 있었다 해도 이제야 비로소 토마토의 붉은색이 어떤 느낌인지 이해하게 된 것이다.

2 메리는 이미 잘 익은 토마토의 붉은색에 대해 세부적인 것까지 모두 알고 있었다. 그래서 메리의 경험에 새로운 것이 더 추가되지는 않았다.

둘 중 어떤 결론이 옳을까? 메리는 새로운 무언가를 배웠을까? 아니면 그녀에게 이런 주관적인 경험은 불필요할까?

자아를 체험할 수 있을까?

누군가를 만났을 때 우리는 그 사람이 몸과 정신이 나눠져 있다고 생각하지 않는다. 또한 정신생활이 없는 좀비로 인지하지도 않는다. 직접 대면할 경우 그 사람은 머릿속 어딘가에 있다는 정신을 숨기지 않는다. 오히려 우리는 생생한 인물로 타자를 체험한다.

문제를 해결하려고 할 때, 그 문제가 발생했을 당시에 가졌던 사고방식으로는 문제를 해결할 수 없다. 알베르트 아인슈타인이 어디선가 한 말이다. 자아에 대한 물음을 한번 뒤집어 보자. 우리의 몸과 지각에서부터 시작해 보는 것이다. 자아와 달리 나는 내 몸을 보고, 지각하고 느낄 수 있기 때문이다. 나는 어떻게 냄새를 맡을까? 어떻게 듣고, 어떻게 느낄까? 이런 질문을 하다보면 누구나 자신의 감각과 몸을 통해 자신의 자아에게 다가갈 수 있을 것이다. 독일 철학자 헬무트

18

플레스너는 인간의 몸이 이중적
특징을 지녔다고 했다. 즉 인간은
몸을 갖고 있는 동시에 인간 자체가
몸이라는 것이다.

　　우리 몸은 가방이나 책상처럼
쉽게 안이 보이는 대상이 아니다.
일상생활에서 우리는 몸을
알아차리지 못하고 매번 살펴보지도

않는다. 무언가 보고 있는 자기 자신을 보려고 해본 적이 있는가? 뭔가를
볼 때 정작 나의 눈은 안 보인다. 다시 말해 무엇을 바라볼 때 우리는 우리
눈을 보지 못한다(거울을 볼 때를 빼고 말이다. 물론 그때도 우리는 거울에 비친 눈을
보게 된다). 일상생활에서 보고 듣고 걷는 건 대부분 자동적으로 이뤄진다.
이러한 자동적인 움직임은 몸의 대표적인 특징이다. 인간의 몸은 경험을
기억하고, 저장하고, 어떤 과정을 자동화한다. 예를 들어 수영이나 자전거
타기는 한번 배워 익혀 두면 평생 잊지 않고 할 수 있다.

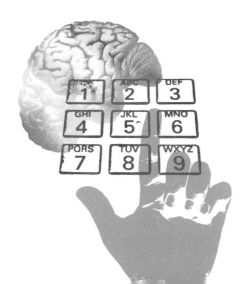

이중 접촉

친구에게 손을 내밀어 보자.
손가락 끝이 맞붙도록 각자의 손을 포개어 본다.

이제 손의 온기를 느껴 보자. 친구의 손과 닿아 있는 부분에 주의를 집중해 본다. 친구의 손에서 온기가 느껴지는가? 지금 경험하는 것이 이중 접촉이다.

손을 갖다대면서 동시에 손이 닿는 경험을 한다. 이러한 이중 접촉에서는 내부와 외부, 능동적인 접촉과 수동적인 접촉을 구분하기란 거의 불가능하다.

몸의 이미지를 떠올려 보자!

그때그때 떠오르는 것들을 단어로 적어 보자. '몸'이라고 하면 어떤 생각이 떠오를까? '몸'은 무엇과 연결되어 있을까?
몸을 생각했을 때 떠오르는 이미지를 묘사해 보자. 그리고 몸이 어떻게 느끼는지 표현해 보자. '고유감각'을 얼마나 오랫동안 의식적으로 유지할 수 있을까?

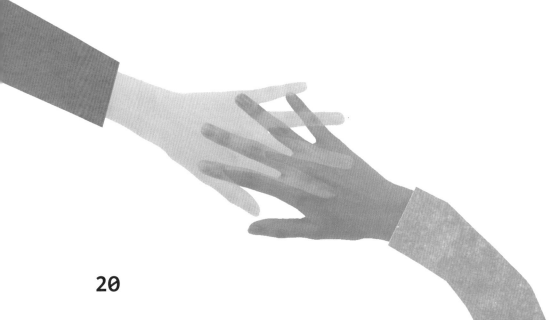

20

모든 인간은 자기만의 고유감각을 가지고 있다

일상에서 우리가 몸이라고 하는 것에는 두 가지 차원이 있다. 하나는 바라볼 수 있고 가꿀 수 있는(가령 머리를 자르는 일) 대상이다. 다른 하나는 사람 그 자체이고 내적으로만 체험할 수 있는 것이다. 몇몇 철학자들과 현상학자들은 이 두 번째 차원에서 육체와 육체적 경험에 대해 말한다. 육체는 개별적인 감각이고 자신의 내부에서 느끼는 감각이기 때문에 다른 사람에게 그 느낌을 정확하게 전달하기 어렵다.

육체적인 경험은 자기 자신을 '느끼고 움직이는 자아로' 인지하게 한다. 나는 어디에 있을까? 어떤 공간에서 서 있고, 보고, 걷는 것을 어떻게 느낄까? 또한 공간 안에 있는 다른 대상들을 어떻게 인지할까? 나의 자아가 존재하느냐 하는 질문은 아예 떠오르지도 않는다. 내적인 체험을 통해 떠오르는 질문은 자아가 어떻게 느끼느냐이다.

지금 어디에서 이 책을 보고 있을까? 소파? 아니면 버스 안? 버스 안이라고 가정해 보자. 주변에 있는 승객들과 버스 내부 공간, 차창 밖으로 지나가는 풍경을 우리는 인지할 수 있다. 그러한 모든 지각은 이른바 '고유감각'을 통해 이뤄진다. 고유감각은 자신이 어떻게 앉아 있고, 팔다리는 어떻게 두고 있는지, 버스 안에서 어떻게 움직이는지에 대한 감각을 포함한다. 고유감각은 나의 자세에 대한 감각이며, 주변 공간을 인지하는 관점에 대한 감각이기도 하다. 우리는 대체로 별 문제없이 우리의 고유감각을 다른 대상과 공간으로 확장한다. 버스 안에 타고 있으면 버스 내부 공간 역시 나의 일부가 된다. 우리는 버스가 다른 자동차에 얼마나 가까이 다가가는지, 다음 신호등이나 갓돌, 다음

정류장까지 얼마나 떨어져 있는지에 대한 감각을 발전시켜 나간다.

피부가 내 몸의 경계일까?

일상생활에서 우리는 어딘가에서 경험한 기분이나 분위기에 대해 말할 때가 있다. 가령 소나기가 쏟아질 것 같은 후텁지근한 공기나, 시험 칠 때 교실 안의 정적을 떠올려 보라. 우리는 분위기를 어떻게 알아차릴까? 공기 중의 기운이나 공간 전체에 감도는 분위기를 우리는 몸 어디에서 느낄 수 있을까?

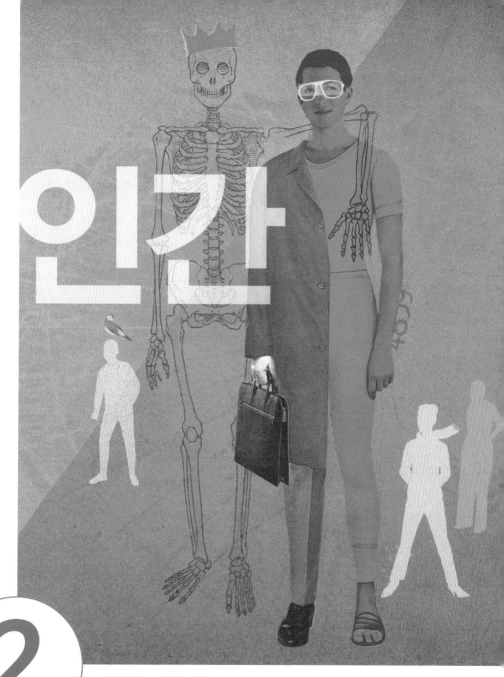

인간

2

두 번째 생각 실험

하이데거는 인간은 자신의 진정한 본질에 대한 감각을 잃어버렸고, 기술과 다른 놀잇감을 좇으면서 온갖 것들에 시간을 허비한다고 말했다. 그럼 인간의 애초의 본질은 무엇일까?

인간이 가장 영리한 동물일까?

진화론으로 볼 때 인간의 가장 두드러지는 특징은 두 가지이다. 하나는 복잡한 뇌를 가졌다는 것이고, 다른 하나는 뇌의 잠재력에 비해 뇌를 매우 조금밖에 쓰지 못한다는 것이다. 학자들에 따르면 약 3백만 년 전에 뭔가 이상한 일이 일어났다. 우리 조상들의 뇌가 몸보다 더 빨리 성장하게 된 것이다. 지금까지 알려진 바로는 인간과 돌고래만 뇌가 갑작스럽게 성장하는 현상을 보였다. 왜 갑자기 뇌가 몸보다 빨리 성장하게 되었을까? 과학자들은 그에 대한 명확한 해답을 아직 찾지 못했다. 인간과 돌고래가 확연히 큰 뇌를 갖게 된 것은 순전한 우연일까?

"인간은 만물의 척도이다."
–프로타고라스

어쨌든 이러한 성장 과정 덕분에 인간은 특별한 지능을 갖게 되었다. 인간의 지능 발전은 수많은 요인과 조건 들이 결합된 복잡한 진화 과정을 통해 이뤄졌다.

미국의 발달심리학자 마이클 토마셀로는 뇌가 아니라 소통 능력이 인간 종을 이해하는 데 가장 중요한 핵심이라고 말한다. 소통 능력이 발전한 데에는 다음에 열거한 관점들이 중요한 역할을 했다.

인간

1. 인간은 강력한 협력 파트너다.

인간 지능은 다른 무엇보다 사회적 지능이 두드러지는 특징이 있다. 사회적 지능 덕분에 다른 사람과 지속적으로 관계 맺고 일하는 것이 가능했다. 이를 위한 가장 중요한 전제 조건은 지향성의 공유이다. 즉 공통의 의도와 목표를 서로 조율할 수 있느냐이다.

2. 인간은 소통에 천부적인 재능이 있다.

인간 진화에서 가장 중요한 단계는 기호와 신호를 통해 상징적 소통을 이뤄 낸 것이다. 몸짓과 동작은 인간 소통의 근원적인 형태로, 인간은 언어가 없을 때부터 그러한 방법으로 의사소통을 해 왔다.

3. 인간은 발명가이자 재주꾼이다.

원시 도구들의 발명과 제작, 사용은 인간 진화에서 매우 중요한 또 다른 사건이었다. 원시 도구들은 인간의 공간적, 논리적, 상징적 사고를 자극했고, 그로써 언어의 발전을 가속화했다.

그 결과 인간은 매우 탁월한 언어적 재능을 갖게 되었다. 구어에서 문어에 이르기까지, 말을 통한 소통부터 상징적 소통에 이르기까지 오늘날의 다양한 언어 발전은 우리 조상들이 성공적으로 협력하고 소통한 결과이다.

인간의 가장 뛰어난 본성: 인간은 누구인가?

1 인간은 이성적인 동물이다. 이미 고대 그리스인들 때부터 인간은 생각하는 능력으로 동물과 구별된다고 여겼다. 하지만 다른 동물들도 생각할 수 있다는 증거들은 있다.

2 인간은 본질적으로 사회적 동물이다. 타인과의 소통과 정서적 친밀감에 의존하고, 집단이나 국가를 형성해 정치적 사회 속에서 살아간다. 아리스토텔레스는 이러한 특징을 일러 인간은 사회적 동물이라고 했다.

3 19세기에 영국의 자연과학자 찰스 다윈이 《종의 기원》을 발표하자 비평가들은 경악을 금치 못했다. 진화론의 창시자 다윈은 인간이 원숭이로부터 유래했다고 주장했다. 당시엔 충격적인 사건이었다.

4 독일 철학자 프리드리히 니체는 인간의 악명 높은 특징 중 하나가 바로 권력에의 의지라고 했다. 이와 관련해서 흔히 제기되는 것이 인간은 본질적으로 이기주의자라는 가정이다. 영국의 진화 생물학자 리처드 도킨스는 심지어 인간에게는 이기적인 유전자가 있다고 주장한다.

5 인간은 자기 자신을 만드는 존재이다. 프랑스 철학자 장폴 사르트르에 따르면, 인간은 타고나는 게 아니라 자기 자신을 스스로 만들어나가야 한다.

인간의
 무엇일까?

본질이 실존에 앞선다. 이 명제는 프랑스 철학자 장폴 사르트르가 봉투 칼로 설명한다. 그는 어떤 도구의 목적과 용도는 그것의 본질을 결정한다고 봤다. 그렇다면 인간도 그러할까? 프랑스 실존주의 철학의 창시자인 사르트르는 인간을 어떤 상위의 계획과 목적에서 벗어난 존재로 보았다. 인간은 봉투 칼처럼 특정 목적에 맞게 만들어지지 않는다. 인간은 정해진 목적과 날 때부터 주어지는 본질이 없기 때문에 앞서 말한 명제와는 정반대로 보았다. 즉 실존이 본질에 앞서는 것이다.

"인간은 오직 자기 스스로 만들어가는 존재이다." 사르트르는 이렇게 말했다. 사르트르의

봉투 칼의 본질

봉투 칼이 어떻게 발명되었을지 상상해 보자. 그런 도구를 만들면 참 편리하겠다는 생각을 아마 누군가 처음 했을 것이다. 그는 봉투 칼이 어떤 생김새여야 할지도 상당히 정확히 알고 있었을 것이다. 봉투 칼의 날은 종이를 자를 수 있을 만큼 날카로워야 하면서도 사람이 다치지 않을 정도로 무뎌야 한다. 또한 적합한 재료로 만들어져야 하고 올바른 형태가 갖춰져야 한다. 모든 도구들과 마찬가지로 봉투 칼의 본질은 쓰임새와 사용 목적에 의해 결정된다. 쓰임새도 분명하지 않은 봉투 칼을 만든다는 건 상상할 수 없는 일이다. 따라서 봉투 칼의 근본을 이루는 성질, 즉 본질은 매우 구체적이고 특정한 봉투 칼의 실존에 앞선다.

실존주의에서 인간은 어떤 본질도 없는 존재이다. 따라서 무엇이든 될 수 있는 카멜레온과 같다. 모든 인간은 자기 자신과 자신의 본질을 규정할 수 있다. 그러나 인간의 자유는 자기 자신과 자신의 행동에 대해 책임을 져야 한다는 걸 의미하기도 한다. 모든 인간은 삶의 목적을 스스로 정해야 하고 그 결정에 대해서도 책임을 져야 한다.

인간은 그 책임을 감당할 수 있을까? 인간은 자기 삶의 고유한 의미와 목적을 스스로 부여할 수 있고, 부여해야만 할까? 하지만 인간은 쉽게 잘 잊고, 시간이 지나면 자신의 본질과의 관계를 잘 잃어버린다. 독일 실존주의 철학자 마르틴 하이데거는 인간을 그의 현존재(Dasein: 독일어로 '거기(da)'에 '있다(sein)'라는 뜻으로, 시간과 공간 속에 있는 인간의 존재 방식을 나타낸다.

27

'세계 내 존재'라고도 한다.)와 참된 실존으로부터 소외시키는 것을 존재의
망각이라고 했다. 인간은 자신의 진정한 본질에 대한 감각을 잃어버렸고,
기술과 다른 놀잇감을 좇으면서 온갖 것들에 시간을 허비한다는 것이다.
그럼 인간의 애초의 본질은 무엇일까?

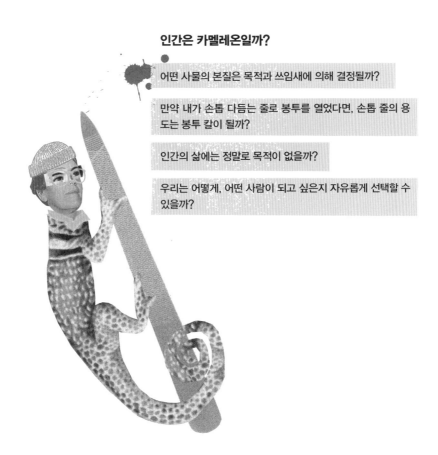

인간은 카멜레온일까?

어떤 사물의 본질은 목적과 쓰임새에 의해 결정될까?

만약 내가 손톱 다듬는 줄로 봉투를 열었다면, 손톱 줄의 용도는 봉투 칼이 될까?

인간의 삶에는 정말로 목적이 없을까?

우리는 어떻게, 어떤 사람이 되고 싶은지 자유롭게 선택할 수 있을까?

인간은 능력으로 결정되는 걸까?

　미국 철학자 마사 누스바움은 인간의 본질을 규정하는 일이 반드시 필요하다고 여긴 철학자 중 한 명이다. 거기에는 매우 현실적인 이유가 깔려 있다. 세계의 어느 나라든 정부와 학자들, 조직들은 자기 나라의 삶의 질이 어떤 상태인지 알고 싶어 하기 때문이다. 그런데 삶의 질이라는 말은 무슨 뜻일까? 또 삶을 살 만한 가치가 있는 것으로 만드는 건 무엇일까? 이 질문에 답하려면 우선은 인간의 본성에 대해 정의를 내려야 했다.

　삶의 질을 규정하는 데 있어서 중요한 건 물질적 재산과 경제적 가능성만이 아니다. 인간다운 삶에는 다양한 능력과 기회, 가능성도 포함된다. 마사 누스바움은 한 인간이 인간다운 삶을 살아가기 위해 발현시킬 수 있어야 할 기본적인 능력들을 목록으로 만들었다. 이 목록은 일반적인 내용으로 채워져 있는데, 각 문화와 사회마다 그 고유의 가치와 내용 들로 더욱 풍성하게 채워지도록 의도한 것이다.

1 　삶의 질에는 각자의 삶이 너무 일찍 끝나거나 더는 살 만한 가치가 없을 만큼 지나치게 오래 살지 않는 것이 포함된다.

2 누구나 적절한 영양을 섭취하고, 알맞은 곳에서 생활하고, 성적 욕구를 충족함으로써 건강한 몸을 유지할 수 있어야 한다. 그러기 위해 어디든 마음대로 이동할 자유와 기회도 중요하다.

3 불필요한 고통은 피하고, 조화롭게 체험할 수 있어야 한다.

4 모든 인간이 오감을 사용하고, 상상력을 발휘하고, 생각과 판단력을 기를 수 있어야 한다.

5 사랑과 슬픔, 그리움과 고마움을 경험하고, 자신의 느낌과 감정을 표현할 수 있어야 한다. 외부에 있는 사람들과 사물들과도 관계를 맺을 수 있어야 한다. 또 우리를 사랑하고 보살피는 이들을 사랑하는 능력도 키울 수 있어야 한다.

6 삶에서 선이 무엇이고, 자신의 삶을 살 만하게 만드는 것이 무엇인지 스스로 정의할 수 있어야 한다. 다시 말하면 자기 삶의 계획을 비판적으로 성찰하는 능력을 갖출 수 있어야 한다.

7 다른 사람들과 공동체에서 생활하고 그들과 연대감을 느낄 수 있어야 한다. 각기 다른 가족 관계와 다양한 사회적 관계를 경험할 수 있어야 한다.

8 자연과의 연대감을 인식하고, 동식물과의 관계를 가꿀 수 있어야 한다.

9 휴식하고, 웃고, 놀고, 여가 활동을 즐길 수 있어야 한다.

10 외부로부터 강요받지 않고 자신의 삶을 살 수 있어야 한다.

11 자신의 영역에서, 자기 주변과의 관계 속에서 자신의 삶을 살 수 있어야 한다.

인간의 기본 능력 규정이 중요한 이유는?

인간의 기본 능력 규정이 중요한 이유는 인간의 욕구를 충족시키는 데 어떠한 정책이 적절한지 알아야 하기 때문이다. 학문에서는 그것을 역량 중심 접근법이라고도 한다. 이러한 접근법은 가령 유엔이 매년 세계 각국의 복지와 빈곤을 측정하기 위해 작성하는 인간개발지수의 토대를 제공한다. 학자들은 그동안 삶의 질 연구를 소득과 물질적 재산,

자원에만 국한시켜 해 왔다. 그러나 역량 중심 접근법은 인간이 성공적인
삶을 살아가기 위해 갖춰야 할 기본 능력과 실현 가능성에 초점을 둔다.
그러면 어느 문화권이든 상관없이 전 세계 사람들의 삶의 질을 평가할 수
있다. 한 사회의 도덕적 가치와 문화적 관습은 사회 구성원 모두 각자의
기본 능력을 발휘할 수 있게 형성되어야 한다.

마사 누스바움은 인간의 역사를 집중적으로 연구하면 인간의
본질에 대한 보편타당한 정의를 얻을 수 있다고 말한다. 이러한 입장을
본질주의라고 하는데, 가치와 권리는 모두에게 보편적으로 적용된다고
전제하기 때문에 보편주의라고도 불린다. 보편주의에 대한 가장
좋은 예가 바로 언제 어디서나 통용되어야 할 인권이다. 인권은 모든
인간에게 똑같이 적용되어야 할 인간의 본성을 전제로 한다. 가치의
보편타당성이 중요한 까닭은, 실제 행동과 정치적 조치 들이 어디에서든
똑같이 정당화되어야 하기 때문이다. 만일 모든 가치가 상대적이라면
기본적인 인권에 위배되는 행동조차 정당화되는 일이 생길 수 있을 테니
말이다. 어떤 나라에서 여성들이 학대를 받고 있다면, 세계 공동체가

그것을 가만히 보고만 있어야 할까? 또는 어느 곳에선가 전쟁이 일어나
민간인들이 고통을 겪고 있고 인권침해가 자행되고 있다면, 세계는
그것을 보고 어떻게 해야 할까? 어느 한 문화의 사회구조와 법적 변화에
개입하기 위해서는 보편타당성에 근거한 합리적 정당성이 있어야 한다.

다른 문화, 다른 가치

철학에서는 본질주의와 보편주의, 그리고 상대주의 사이에서
벌어지는 논쟁이 있다. 본질주의자들은 세계 어디서나 어느 시대에나
통용되는 보편적인 가치가 있다고 주장한다. 반면 상대주의자들은
가치란 문화, 역사적 경험, 연관 관계, 각 사회의 상황에 따라 다르기
때문에 상대적이라고 여긴다. 예를 들면 우정은 모든 인간에게 동일하게
적용되는 보편적인 가치일까? 성적 만족과 건강에 대한 기본 능력 역시
보편적 가치라 볼 수 있을까? 모든 인간이 이에 대해 동등한 권리가
있을까?

상대주의자들이 비판하는 것은 이뿐만이 아니다. 전체적으로 서로
다른 가치와 능력이 너무 많기 때문에 그 모든 것을 실천하고 실현하기란
불가능하다고 지적한다. 게다가 그런 가치와 능력이 서로 충돌을 일으킬
수 있다고 본다. 예를 들어 버스에서 나이 든 사람에게 좌석을 양보하는
것은 예의 바른 행동이다. 그러나 다른 한편으로는 나이 든 사람을
노쇠한 사람으로 취급하는 일일 수 있고, 어쩌면 늙었다고 생각하지 않는
그 사람의 마음을 상하게 할지도 모른다. 이처럼 노인을 존중하려는
뜻에서 나온 행동은 다른 사람에게 상처를 주지 말라는 규율과 충돌을

일으킬 수도 있다는 것이다. 인간의 욕구와 능력은 서로 많이 다르고 개인별 특징에 따라 형성되는 것은 아닐까? 그 바탕에는 개인마다 다른 가치가 깔려 있진 않을까?

가치는 자신의 삶과 다른 사람의 삶을 결정한다

사는 게 더 이상 가치가 없다고 느낄 때는 삶을 스스로 끝내도 될까?

교도소에 수감된 사람들의 자유로운 이동, 성생활, 주거에 대한 권리를 어느 정도까지 제한할 수 있을까?

가정 폭력에 시달리며 자란 아이에게는 어떤 도움이 필요할까?

다른 언어를 사용하고 다른 문화권에서 성장한 사람들끼리만 서로를 비교할 수 있을까?

가치와 욕구, 능력이 주관적이냐 아니냐에 대한 질문은 문화의 핵심을 겨냥한다. 상대주의자들이 생각하는 가치, 욕구, 능력은 주관적일 뿐만 아니라 상대적이기도 하다. 그리고 이 모든 것은 한 문화를 지배하는 도덕적 가치와 관습 들에 의해 좌우된다. 문화적 관습과 도덕적 가치는 매우 복잡하게 얽혀 있고, 문화권마다 차이도 크다. 예를 들어, 많은 이슬람 국가에서는 여자들이 외출할 때 베일을 쓰는 것이 일상적이다. 다만 얼굴을 포함해 온몸을 완전히 가리느냐, 부분적으로만 가리느냐는

지역에 따라 다른데, 이는 도덕적인 가치 평가를 개인적으로 어떻게 해석하는가에 달렸다. 반면 다른 문화권에서는 여자들이 베일을 쓰는 것이 이례적인 것은 그 일에 대한 도덕적 평가를 직접적으로 실감하지 못하기 때문이다. 여성이 베일을 쓰는 문화적 현상을 볼 때 우리가 더 중요하게 여겨야 할 문제는 무엇일까? 인간 기본 능력의 타당성일까, 다른 문화의 도덕적 가치에 대한 인정일까? 베일 착용은 인간의 기본 능력을 불가능하게 만들까? 남녀평등은 문화와 도덕적 관습과는 상관없는 보편타당한 것일까?

좋은 마약, 나쁜 마약 : 어떤 가치에 어떤 근거를 댈까?

술과 담배가 건강에 해롭다는 사실은 일반적으로 알려져 있다. 그런데도 일정한 나이가 되면 모두 합법적으로 구입할 수 있고, 구입할지 말지를 스스로 결정할 수가 있다. 이런 경우 인간의 건강과 자유와 책임은 서로 어떤 관계로 나타날까? 어떤 가치가 다른 가치보다 더 중요하다고 누가 결정할 수 있을까? 사람의 인격을 변화시키는 술을 마시는 건 어느 정도까지 정당화될 수 있을까? 반면 인격을 변화시키는 작용은 술과 마찬가지인데, 왜 대마초와 같은 다른 마약 소비는 정당화되지 못할까?

자연

3

세 번째 생각 실험

나무도 고통을 느낄까? 살아 있다는 이유만으로 보호를 받아야 마땅할까? 우리는 기후에 대해 연민을 느낄 수 있을까? 바다와 산, 대기에 대해서도 연민을 느낄 수 있을까?

우리의 자연은 얼마나 자연적일까?

딸기 요구르트에는 딸기가 얼마나 들어 있을까? 독일에서는 요구르트 제품에 '과일 요구르트'라는 이름을 넣으려면 과일이 6퍼센트 이상 들어가야 한다. 그러나 이렇게 적은 양으로는 대부분 제대로 된 딸기 맛을 낼 수가 없다. 그래서 많은 식품에 인공 향료가 첨가된다. 아침 식사를 할 때나 공원에서 산책을 할 때, 우리는 자연과 자연의 산물을 변화되고 다듬어진 형태로 만난다. 직선으로 다듬어진 강줄기, 강물을 막아 만든 댐, 울타리가 쳐진 숲과 자연 구역, 인공적으로 조성된 호수와 경작지와 공원까지.

우리가 자연을 이해하는 방식은 우리가 자신을 인간으로서 이해하는 방식과 밀접한 관계가 있다. 한편으로 인간 역시 자연의 일부이고 자연에 의해 만들어졌다. 다른 한편으로 인간은 자신의 자연과 문화를 창조하는 존재다. 이런 의미에서 아리스토텔레스는 문화를 인간이 지닌 제2의 자연이라고 했다. 다시 말하면 자신의 환경과 자연을 변화시키는 것이 인간의 특징이다.

자연은 어떤 가치가 있을까?

자연과의 관계에 대해 묻는 것은 인간 자체에 대해 묻는 것이기도 하다. 고전적인 입장에서는 자연을 인간에게 얼마나 유익한가에 따라 평가하고, 그에 상응해서 보호해야 할 대상으로 여긴다. 이 입장은 모든 평가의 중심에 인간을 놓기 때문에 인간중심주의라고 불린다. 자연의 가치가 인간에게 얼마나 유익한가에 따라 평가되기 때문에 인간은 자연보다 우위에 놓인다. 그래서 과거에는 인간을 자연의 주인이나 지배자로 명명했다. 환경보호와 자연보호도 무엇보다 인간 종을 보존하기 위해서 필요하다고 여겼다.

내 삶에서 자연은 어떤 역할을 할까?

시골과 도시 중 어디에서 자랐는가?

어린 시절의 기억 가운데 가장 강렬하게 남아 있는 자연에 대한 경험은 무엇일까?

그러나 인간중심주의와는 다른 입장과 대안들도 있다. 예를 들어 고통중심주의에서는 자연의 고통과 자연에 대한 인간의 연민이 평가의 중심에 놓인다. 따라서 고통을 느낄 수 있는 모든 존재가 연민의 대상이며 인간의 보호를 받아야 한다. 그에 반해 생명중심주의는 살아 있는 자연에서 출발하고, 고통을 느낄 수 있는 존재만이 아니라 모든 생명이 보호를 받아야 한다고 주장한다. 모든 생명은 살고자 하는 의지가 있으며, 따라서 보호가 필요하다는 것이다. 이러한 관점에서 보면 모든 생명을 존중하고, 고의로나 이유 없이 해치지 말아야 한다는 도덕적인 요구도 정당화된다. 모든 생명과 마찬가지로 자연도 인간과는 무관하게

자연적이라는 말은 무슨 뜻일까?

우리는 자연적인 것과 인공적이거나 인간에 의해 만들어진 것을 구분한다. 마치 원칙적으로 다른 두 개의 사물인 것처럼 말이다. 그러나 그 둘을 구분하는 경계는 불분명하고, 자연적이라고 생각했던 것도 인간에 의해 문화적으로 변화되는 경우가 많다. 우리가 어떤 무엇인가를 자연적이라고 느끼는 건 무엇보다 우리의 습관과 관련되어 있다.

예를 들어 개는 원래 야생에서 살아가던 늑대였다. 그러다가 인간에 의해 가축과 종축우수한 새끼를 낳게 하려고 기르는 우량 가축으로 길들여졌다. 또 다른 예로 진통제 아스피린은 화학적으로 생산되었지만, 그 작용물질인 아세틸살리실산은 버드나무 껍질에 있는 물질을 토대로 만들어진 것이다.

존중되어 마땅한 고유한 가치를 지닌다.

그렇다면 식물은 어떨까? 나무도 고통을 느낄까? 살아 있다는 이유만으로 보호를 받아야 마땅할까? 우리는 기후에 대해 연민을 느낄 수 있을까? 바다와 산, 대기에 대해서도 연민을 느낄 수 있을까?

생태중심주의라고 불리는 전일주의에서 자연은 인간과 함께 살아가는 하나의 유기체이다. 여기에는 개별적인 생명체뿐만 아니라 무생물까지 포함한 생태계 전체가 포함된다. 전일주의는 인간을 자연에 의해 만들어진 존재로 이해하며 자연과 연결되어 있다는 점을 강조한다. 인간은 전체의 일부이기 때문에 생각하고 행동할 때 전체도 함께 고려해야 한다. 살아 있는 유기체인 세계 전체에서는 모든 것이 서로 연결되어 있기 때문이다.

38

우리는 자연의 미래에 책임이 있을까?

자연의 가치를 어떻게 평가하든 상관없이 인간은 순전히 이기적인 이유로라도 자연을 보호해야 한다. 장기적으로 인간이 살아남기를 원한다면 자연에 대한 책임을 떠맡아야 한다. 현재뿐만 아니라 미래에도 마찬가지다. 우리만 깨끗한 자연이 필요한 것이 아니라 미래 세대도 지구에서 인간다운 삶을 살 수 있어야 하기 때문이다. 이런 이유 때문에라도 인류의 삶을 보존하려면 돌이킬 수 없는 위험은 일으키지 말아야 한다. 예를 들어 재활용이 불가능한 핵폐기물은 앞으로 수백 년 안에 인류에게 어떤 피해를 입힐지 알 수가 없다.

천연자원 보존은 자연에 대해 져야 할 책임의 일부에 불과하다. 책임과 환경보호는 명확한 문제의식과 확실한 이해가 전제되어야 하기 때문에 미래 세대를 교육하는 일 역시 자연보호에 포함된다. 자연에 대한 책임은 그야말로 정치적 과제이다. 세계 모든 나라가 공통의 목표를 합의하고 서로 도와야 한다. 그 점에 대해서는 대부분의 철학자들과 상당히 많은 사람들의 의견이 일치한다. 그런데도 왜 인간은 스스로 자신의 생존과 지구의 보존을 끊임없이 위협하고 있을까?

모두가 지켜보고 있는데 아무도 행동하지 않는다. 이러한 현상을
'방관자 효과'라 이른다. 어떤 문제에 대해 아는 사람이 많을수록, 즉
주변에서 바라보는 구경꾼이 많을수록 그 문제에 개입하려는 사람이
아무도 없고, 그 문제를 용인하거나 방관할 가능성이 더 큰 현상을
나타내는 말이다. 이러한 방관자 효과는 끔찍한 교통사고 현장과
공공장소에서 벌어진 폭력 범죄에서 매우 구체적으로 나타나는데, 많은
사람들이 집단적으로 수동적인 구경꾼이 되어 아무것도 하지 않는
상황이다. 언뜻 생각하면 굉장히 모순적인 현상인데, 건강한 이성을
지닌 인간이라면 정반대를 말할 것이기 때문이다. 어떤 문제에 대해
알고 그것을 관찰하는 사람이 많을수록 누군가 문제에 적극적으로
개입하거나 해결책을 찾을 가능성도 더 높을 거라고 말이다. 단순하고
쉽게 해결할 수 있는 문제에서는 종종 그런 원칙이 들어맞기도 한다.
그러나 환경오염처럼 파국적인 위험과 예측하기 어려운 부작용들이
따르는 복잡한 문제에서는 방관자 효과가 매우 분명하게 드러난다. 우리
모두는 일상생활의 경험을 통해서 그 사실을 알고 있다. 아마 열대림이
무분별하게 벌채되고 있다는 뉴스를 듣고 화를 낸 적이 있을 것이다.
그때 느낀 감정을 어떻게 표현했고, 무엇을 해야겠다고 생각했는지 한번

"산처럼 생각하라."
—알도 레오폴드

40

떠올려 보자.

환경문제가 유난히 어려운 점은 그로 인한 위험이 많은 사람들의 일상에서 드러나지 않고, 그 여파도 직접적으로 나타나지 않는다는 데 있다. 예를 들면 물고기 남획이나 극지방의 빙하 유실, 열대림의 벌채를 생각해 보자. 물론 현재에 일어나고 있는 일이지만 그 장기적인 여파는 미래에나 경험하게 된다. 문제는 열대림과 미래 세대의 앞날이 멀리 떨어져 있다는 데서 시작된다. 시간적 거리와 공간적 거리 때문에 환경문제의 심각성을 안다고 해도 곧바로 행동으로 이어지지는 않는다.

자연에서 나온 것들

자연으로 만든 것들 가운데 우리가 일상생활에서 의존하고 있는 물건들의 목록을 작성해 보라!

산처럼 생각하기

많은 환경 운동가들과 철학자들은 환경문제에 대한 올바른 문제의식과 평가를 중요하게 생각한다. 이 문제는 표층 생태학과 심층 생태학으로 구분해 생각해 볼 수 있다. 표층 생태학은 외부적인 수단으로 개별 환경문제를 해결하려 한다. 예를 들어 환경오염 문제를 기술적 수단으로 해결하려고 하는데, 공기와 물을 정화해 오염을 균일하게 분해하는 방식을 택한다. 심층 생태학은 새로운 평가 기준을 제안하고, 자연에 대한 인간의 태도를 근본적으로 변화시키려 한다. 환경문제에 대한 평가에서도 인간의 생활수준과 건강만을 기준으로 삼지 않는다.

전체의 삶의 질이 높아지는 방향으로 모든 생명체의 생활 조건들이 고려되어야 하고, 지구 전체를 조망하는 관점이 포함되어야 한다. 심층 생태학의 창시자인 노르웨이 철학자 아르네 네스는 모든 인간은 자신의 행동이 환경에 미치는 영향을 인식하고 깊이 생각해야 한다고 말한다.

자연과의 조화 속에서 사는 삶과 시민 불복종

"나는 자연 속에서 이상한 자유를 느끼며 이리저리 거닌다. 나는 자연의 일부다. 구름이 끼고 바람이 부는 날씨에도 셔츠 차림으로 돌이 많은 연못가를 따라 걸을 때, 그리고 내 주의를 특별히 자극할 만한 것이 아무것도 없을 때, 나는 자연의 모든 원소들과 가까워졌다는 아주 강렬한 느낌을 받는다. 황소개구리들은 밤을 알리려고 큰 소리로 개굴거리고, 포투 새의 노래는 잔잔한 물결을 타고 물 위로 실려 간다. 그러면 나와 파르르 몸을 떠는 오리나무 잎과 포플러나무 잎들 사이에는 숨조차 멎을 것만 같은 일체감이 생긴다." – 헨리 데이비드 소로

미국 철학자이자 환경 운동가인 헨리 데이비드 소로는 19세기에 유명한 자기 실험을 감행했다. 모든 문명과 등을 진 채 자연과의 조화 속에서 살아가는 일이 가능한지 알아보기 위해서였다. 소로는 자유와 자연의 본래적 야생은 반드시 보호해야 한다고 생각했다. 그는 자신의 실험을 사회적 공동 생활의 불의에 대한 저항으로도 이해했다. 1849년에 쓴 한 에세이에서 그는 시민 불복종을 호소했고, 개인의 양심에 따라 국가의 법을 거부할 수 있는 시민의 권리를 요구했다. 이러한 주장은 인도의 저항운동가 간디에게 영향을 주었다. 간디는 20세기에 인종차별에 저항했고 인도의 독립을 위해 싸웠다.

자연은 예측 가능할까?

　　자연을 지배할 수 있다는 생각은 전통적으로 자연의 예측 가능성과 수학화, 다시 말하면 자연법칙을 연구하고 응용하는 일로 이어졌다. 만유인력을 발견한 물리학자 아이작 뉴턴은 자연을 수학의 문제로 보았다. 자연에서는 그 무엇도 우연히 일어나거나 아무런 원인 없이 일어나지 않는다. 자연의 모든 사물과 모든 현상, 모든 움직임에는 원인이 있다. 원인이 없으면 결과가 없고, 모든 원인에는 결과가 따른다. 철학자들은 이 원칙을 인과성이라고 부른다. 자연과학의 인과법칙은 그리스 철학자 아리스토텔레스로 거슬러 올라간다. 아리스토텔레스는 모든 생명체는 전체의 질서 안에 있고 특정한 목적 역시 갖고 있다고 보았다.

　　근대로 오면서 자연은 점점 사실들의 세계로 변한다. 역사가들과 사회학자들은 점점 더 많은 자연현상들이 규명될 수 있게 된 것을 세계의 탈주술화라고 부른다. 그밖에도 연구와 기술 분야에서 새로운 지식을 얻음으로써 자연의 여러 자원들을 대량으로 확보하는 것도 가능해졌다. 그로써 자연은 인간과 인간의 문화 발전에 꼭 필요한 원료 공급자가 되었다. 그러나 이런 모든 발전에도 불구하고 생명이 왜 존재하는가에 대해서는 지금도 명확하게 대답하기가 어렵다. 인과성이라는 것은 시작이 존재할 수 없는 하나의 완결된 체계를 전제로 하기 때문이다. 무엇이 먼저 있었을까? 원인일까 결과일까? 닭이 먼저일까, 달걀이 먼저일까?

인간 본성의 미래에 대해 생각해 보자!

어떤 아이의 부모가 아이가 태어나기도 전에 아이의 유전자 조합을 결정했다고 상상해 보자. 부모는 아마 수많은 조합으로 숱한 실험을 시도했을 것이다. 처음에는 단지 태어날 아기에게 생길 수 있는 모든 질병과 장애를 막고 싶었을 것이다. 그들의 목표는 아이가 행복하고 건강한 삶을 살 수 있었으면 하는 것이었다. 그런데 그들은 곧 아이의 생김새와 성별도 결정했고, 심지어는 아이가 어떤 재능을 갖고 세상에 나올지도 결정했다. 그들은 금발에 의지력이 강하고, 수학적 재능이 있으면서도 훌륭한 발레리나가 될 수도 있는 여자아이를 선택했다. 또 이성애자이지만 양성애적 성향도 지녀야 했다. 그 이유는 딸이 나중에 성적으로 한 남자에게 종속되는 일이 없도록 하기 위해서였다.

부모는 아이에게 그런 이야기를 해 주지 않았다. 그래서 아이는 자신의 유전자가 부모가 지닌 재능과 성향 들의 우연한 조합이라고만 생각했다. 그러다가 열여섯 살이 되었을 때 아이는 우연히 한 서랍에서 자신의 유전자에 관한 모든 정보와 부모의 소망이 기록된 출생 기록을 보게 된다.

이 아이처럼 자연의 우연한 산물이 아니라 이름부터 모든 것을 부모가 선택한 대로 태어났다고 가정해 보자. 그 사실을 알았다면 무엇이 달라질까? 만약 자신이 의지력이 너무 강한 사람이라는 점이 마음에 들지 않고, 머리카락과 눈동자도 다른 색깔이었으면 좋겠다고 생각했다면? 그렇다 해도 자신의 정체성을 자연의 책임으로 돌릴 수는 없다. 그렇다면 부모가 내린 결정에 대해서도 책임을 물을 수 없을까?

44

자연

동물

자연과학적 인식으로 미루어 보면 인간과 동물 사이에는 큰 차이가 없다는 점을 알 수 있다. 동물과 인간이 그처럼 비슷하다면, 우리는 어떻게 한 쪽에서는 동물을 먹으면서 다른 쪽에서는 그들을 보호하게 되었을까?

우리는 왜
동물을 먹을까?

집에서 키우는 개나 고양이가 우리를 가만히 바라보고 있을 때 과연 무슨 생각을 하는지 궁금했던 적이 있을 것이다. 우리처럼 감정을 갖고 있을지 궁금증이 일기도 했을 것이다. 인간을 동물과 결합시키는 건 무엇이고, 동물과 우리를 분리시키는 건 무엇일까?

생물학적 관점에서 인간과 동물은 상당히 비슷하다. 생물학자와 자연과학자들은 동물도 생각할 수 있고 의식이 있다는 사실을 안다. 물론 모든 동물이 똑같지는 않다. 과학자들의 표현을 빌리자면, 의식의 종류가 서로 다르다. 예를 들어 침팬지는 의식이 상당히 발달했다. 기억력이 있어서 보고 들은 것을 기억할 수 있고, 학습 능력도 있다. 이는 침팬지가 구성적으로 생각할 수 있다는 의미이기도 하다. 구성적으로 생각한다는 건 과거와 현재의 경험들을 서로 결합시킬 수 있다는 뜻이다. 침팬지는 경험을 토대로 미래의 상황을 예측해 그에 맞게 행동을 조절할 수 있다. 까마귀와 앵무새,

"동물들을 바라보면서 몹시 즐거워하는 주된 이유는 우리 자신의 본성을 그처럼 단순화된 형태로 보는 것이 우리를 기쁘게 하기 때문이다."

비둘기도 상황에 대해 생각한 다음, 행동을 특정한 상황에 맞출 수 있다. 그런 방식으로 닫힌 상자나 새장 안에 있는 먹이에 접근하는 기술과

46

요령을 찾아낸다. 그렇다고 인간처럼 시간과 과거, 미래에 대한 언어적 개념까지 지니고 있다는 뜻은 아니지만 말이다. 동물들이 감정이입을 할 줄 안다는 것도 학문적으로 증명되었다. 원숭이는 다른 원숭이의 입장이 되어 그 마음과 상황에 공감할 줄 안다.

자연과학적 인식으로 미루어 보면 인간과 동물 사이에는 큰 차이가 없다는 점을 알 수 있다. 동물과 인간이 그처럼 비슷하다면, 우리는 어떻게 한쪽에서는 동물을 먹으면서 다른 쪽에서는 그들을 보호하게 되었을까?

우리는 동물의 존재를 식탁에서 배운다

거의 모든 인간은 접시에 놓인 동물들과 함께 자란다. 그밖에도 그림책과 동물원, 사육장, 가축우리에서도 배울 수 있다. 우리는 동물을 먹고, 동물을 우리에 가두는 것을 정상적인 일로 받아들인다.

그러면서도 가축과 함께 지내는 일이나 동물이 우리가 좋아하고 기꺼이 함께 살아가고 싶어 하는 생명체라는 사실도 지극히 정상으로 생각한다. 이러한 모순적인 경험에 비추어 보면 우리가 동물을 먹으면서도 동물 보호에 찬성하는 이유도 설명된다.

시간이 지나면서 이러한 경험들은 습관이 되고 우리의 생각에 영향을 미쳤다. 우리의 식습관은 일상생활의 경험을 통해 결정되지, "동물을 죽이지 말라!"는 보편적인 도덕적 원칙에 의해 결정되지는 않는다. 우리는 동물과 인간이 구별된다는 사실을 인간을 먹으면 안 된다는 사실만큼이나 당연하게 받아들인다. 식탁은 동물을 먹으면서 동물이 무엇인지를 배우는 장소이다. 무척 이상한 소리 같지만.

우리는 많은 구별을 처음부터 당연한 것으로 전제한다

우리는 대부분 식탁에서의 경험과 가축들에 대한 경험을 토대로 동물에 대해 말하거나 생각한다. 우리에게는 인간과 동물을 구별하는 것이 너무나 익숙하다. 그래서 인간과 동물에 대해 본격적으로 생각해 보기도 전에 생각 속에서 이미 그러한 구별을 당연한 것으로 전제한다. 미국의 철학자 코라 다이아몬드의 말이다.

육식을 즐기는 사람에게 던지는 질문

우리는 왜 동물을 먹을까? 우리가 동물과 다르기 때문에? 고기가 맛있어서? 아니면 중요한 영양소를 섭취하기 위해서? 만약 영양소를 다른 방식으로 섭취할 수 있다면 육식을 포기할 수 있을까?

인간은 생물학적 존재이면서 사회적 존재이기도 하다. 생물학과 자연과학에서는 인간과 동물 사이에는 그 어떤 근본적인 차이도 없다고 한다. 따라서 그 차이는 분명 사회적 실천 영역에 있을 것이다. 사회적 실천은 인간이 자신의 삶을 만들어 나가는 방법과 양식이다. 인간은 교육과 언어를 통해서 공동생활의 규칙을 습득한다. 모든 규칙들이 바로 인간의 사회적 실천이다. 그렇다면 인간의 공동생활과 동물의 공동생활을 구별 짓는 것은 무엇일까?

동물에게는 도덕이 없을까?

파리 한 마리가 물이 든 컵으로 날아 들어가 우리 눈앞에서 죽을 위험에 처했다면, 파리는 우리가 자기를 도와줄 거라고 기대할까? 반대로 우리가 바다에서 수영을 하다가 다리에 경련이 나서 허우적거린다 한들, 파리 떼가 날아와 우리를 돕는 일도 당연히 없을 것이다. 반면 누군가 그 모습을 본 사람이 있었다면 아마 우리를 돕기 위해 달려왔을 것이다. 한편 컵 주변에 다른 파리들이 있었다면 물에 빠진 파리를 도와주려고 했을까?

동물들에게는 도덕적 기대와 도덕적 의무가 없다. 동물끼리의

관계에서나 우리 인간과의 관계에서도 마찬가지다. 그 때문에 우리 역시 동물들에게 그 어떤 도덕적 기대도 걸 수 없다. 동물과 인간을 구별 짓는 것은 바로 이 부분이다. 인간은 같은 인간들에게 도덕적 기대와 도덕적 의무를 갖기 때문이다. 코라 다이아몬드는 인간의 사회적 실천은 도덕적 규범과 분리될 수 없다고 말한다. 우리의 삶과 도덕은 긴밀하게 맞물려 있다. 인간을 동물과 구분하는 것은 바로 도덕과 도덕적 행동을 생각하는 능력이다.

동물과는 달리 인간은 자신의 삶을 어떻게 만들어 나갈지, 어떤 도덕적 규칙에 따라서 살지 스스로 결정할 수 있다. 공동생활의 규칙들을 스스로에게 부여할 수도 있는데, 이 점 역시 동물들은 할 수 없는 일이다. 예를 들어 애인이 아닌 다른 사람과의 키스를 생각해 보자. 이제 막 누군가를 무척 좋아하게 되어 그 사람을 만나고 싶은 마음이 간절한 상황에도 불구하고 다른 누군가와 키스를 하게 될까? 또 애인이 있다면 그가 다른 사람과 키스하지 않기를 바라게 될까? 애인이 아닌 다른 사람과 키스를 하느냐 마느냐의 문제는 우리가 다른 사람과의 공동생활을 위해 선택하는 도덕적인 규칙에 달려 있다. 오직 인간만이 그런 문제에 대해 깊이 생각한다. 또한 인간만이 애인이 아닌 사람과는 키스하면 안 된다는 도덕적인 기대를 가질 수 있다. 동물들도 일정한 규칙에 따라서 생활하지만 동물들에게는 도덕적인 의무가 없고, 우리는 낯선 사람과의 키스를 동물적인 행동의 범주로 여기지 않는다.

어느 쪽이 이익인지 헤아려 보고 행복 수치를 계산해 보자!

다섯 명의 목숨은 한 명의 목숨보다 더 가치 있을까?
의학적 목적을 띤 동물실험은 화장품 생산을 위한 동물실험보다 중요할까? 만일 그렇다면 그 이유는 무엇일까?
집에서 키우는 개가 세계 곳곳 길거리를 떠도는 수많은 개들보다 소중하다는 것을 합리적 근거를 통해 설명할 수 있을까?
동물원에 사는 원숭이가 야생에서 사는 원숭이보다 더 불행한지 아닌지를 우리가 어떻게 알 수 있을까?

동물도 우리와 똑같이 고통을 느낀다

도덕적 개인주의에서는 인간과 동물의 차이가 중요하지 않다고 주장한다. 중요한 건 모든 인간과 동물이 공통으로 갖고 있는 특징이다. 동물들이 도덕적으로 행동하느냐 아니냐, 생각하는 능력이 있느냐 없느냐는 중요하지 않다. 문제는 그들도 고통을 느낀다는 사실이다. 도덕적 개인주의는 인간이 자신들의 도덕적 공동체에서 동물들을 제외시켰다고 비판한다. 그로써 인간 종만을 우대하고 다른 모든 동물을 차별한다는 것이다.

도덕적 개인주의를 대변하는 가장 유명한 사람은 오스트레일리아 출신의 철학자 피터 싱어다. 그는 동물도 인간과 똑같이 감각 능력이 있다고 믿는다. 동물이 인간과 감각 능력이 똑같다면, 우리는 동물도 인간과 동등하게 대해야 한다. 동물이 인간과 똑같이 느낀다는 점을 부인하는 사람에게는 인간 중에서도 능력이 제한된 사람들이 있다는 사실을 환기시킨다. 예를 들면 중증 장애인이나 노인, 어린아이, 치매 환자 들처럼 말이다. 동물이 고통을 느낄 수 있다는 사실은 그들을 우리와 동등한 존재로 만들 뿐 아니라, 우리에게 도덕적 행동에 대한 의무감도 갖게 한다.

고통을 느끼는 능력은 우리가 동물과의 관계에서 고려해야 할 분명한 척도이다. 인간이 동물을 양식으로 삼는다고 해서 그들이 고통스럽게 살도록 내버려 두어도 괜찮다는 건 아니다. 동물이 고통을 겪지 않는 한 그들을 양식으로 이용하는 것 자체를 반대하지는 않을 것이다. 많은 철학자들은 동물에게도 특정한 관심사와 소망이 있다고 믿는다. 예를 들면 생명을 보존하려는 데 쏟는 관심, 도축당하지 않고 식량이나 모피를 제공하는 데 쓰이지 않기를 바라는 마음 같은 것 말이다. 어느 쪽의 소망이 더 중요할까? 고기를 먹고 싶은 인간의 소망일까, 행복한 삶을 살고 싶어 하는 동물의 소망일까?

모든 동물은 똑같을까?

다음 동물들을 생각해 보자.

멸종된 동물

인간과 가장 비슷한 동물

멸종 위기에 처한 동물

우리가 절대 먹지 않을 동물

인간과 가장 비슷하지 않은 동물

우리가 즐겨 먹는 동물

최대한 많은 사람이 행복해야 할까?

동물을 죽이는 것이 허용된 이유를 합리적으로 정당화하고자 한다면, 먼저 우리의 행동을 어떻게 평가할 것인가의 문제를 짚고 넘어가야 한다. 행동은 언제 윤리적으로 정당화될까? 어떤 행동이 도덕적인지 부도덕한지는 어떻게 평가할까? 행동의 결과를 평가해야 할까, 아니면 행동 자체를 중요하게 생각해야 할까? 어떤 행동을 할 때 본보기로 삼은 목표나 규범, 원칙은 무엇이었을까?

공리주의 윤리에서는 인간의 행동을 그 결과에 따라 판단한다. 행동의 유용성을 중요한 판단 기준으로 두고, 측정하고 계산할 수 있다고도 본다. 공리주의자들은 하나의 행동이 불러올 수 있는 긍정적 결과와 부정적 결과를 모두 검토하고 헤아려 그 행동의 유용성을 계산한다. 행동의 결과를 평가할 때는 예측이 가능한 결과와 불가능한 결과들이 포함된다.

윤리와 도덕의 차이는 무엇일까?

도덕은 사회 구성원인 인간이 공동생활에서 마땅히 지켜야 할 행동 지침과 규범 전체를 의미한다는 점에서 윤리와는 구별된다. 윤리는 도덕에 관한 학문이다. 도덕에 관한 문제들을 논의하고, 도덕적 규칙과 규범의 보편타당한 근거를 찾으려고 한다. 윤리학에서는 '어떻게 행동할 것인가?'라는 근본적인 물음을 제기한다. 여러분은 하나의 도덕적 기본 입장을 가질 수 있다(살생하지 마라와 같은). 그러나 이 입장이 다른 특정한 도덕과는 모순될 수 있다(가령 심하게 다친 동물을 안락사시켜도 된다고 생각하는 경우). 윤리학에서는 이런 모순들을 연구하고 그 이유를 설명하려고 한다.

원칙적으로는 한 사람이 살면서 내리는 거의 모든 중요한 결정이 이익과 불이익을 헤아리는 것이다. 가령 직업과 학교를 선택하는 경우를 생각해 보자. 직업이 개인의 삶에서 매우 중요하다는 사실은 누구나 알고 있다. 그런데 직업을 통해서 행복을 얻고 싶은가, 아니면 돈을 많이 벌고 싶은가? 공익단체에서 일하고 싶은가, 아니면 국제은행에서 일하고 싶은가? 직업을 선택하는 일로 모두의 행복에 어느 정도나 기여할 수 있을까? 아니면 가장 중요한 건 전적으로 나 개인의 이익일 뿐일까? 직업 선택은 우리가 개인적으로 좋아하는 것을 예측 가능하고 불가능한 결과들과 대조하고 헤아려 보는 유용성 계산이다. 물론 그 선택에 만족하고 성공할 수 있을지는 아무도 예측할 수 없다. 직업 선택이나 학업 선택이 자신의 삶과 다른 사람의 삶에 어떤 긍정적 결과와 부정적 결과를 미칠지 처음부터 분명히 알 수는 없다.

한 사람의 목숨인가, 동물 두 마리의 목숨인가?

친구의 생명이 몹시 위태로워서 당장 특수 치료약이 필요하다고 가정해 보자. 약품은 이미 개발된 상태지만 아직 부작용에 대한 실험은 진행되지 않았다. 연구자들은 개발된 신약이 심각한 부작용을 초래할 수도 있다고 염려한다. 가장 빠르고 효과적인 해결책은 그 약을 개나 말에게 실험하는 것이다. 일주일간의 실험이 끝나면 신약이 친구에게 도움이 될지 위험할지 더 분명해질 것이다.

이제 적어도 두 가지 행동 중 하나를 선택할 수 있다. 신약을 개나 말에게 실험해 그들이 그 과정에서 고통을 겪거나 죽을 수도 있는 위험을 감수할 것인가? 아니면 동물 두 마리의 목숨이 더 중요하다고 판단해 친구를 살리는 걸 포기할 것인가?

실생활에서는 때로 결정하기가 어려운 문제가 이론에서는 매우 간단한 원칙에 따라 판단되기도 한다. 공리주의는 어떤 행동의 도덕적 가치를 그 결과로 평가하고 그 결과를 근거로 유용성을 계산한다. 목표는 모두에게 최대한의 이익이 돌아가게 하는 것이다. 그 행동의 결과로 행복은 증진되고 불행은 줄어드는가가 핵심이다. 행복 계산은 모든 인간과 동물의 행복을 목표로 한다. 어떤 행동이 일반의 행복을 높였다면 그것은 선한 행동이다. 최대 유용성은 하나의 행동으로 행복을 늘리고 고통을 줄였을 때 달성된다. 긍정적인 결과가 부정적인 결과보다 클 때도 마찬가지다. 따라서 최선의 행동이란 모두의 행복을 크게 하면서 그 누구에게도 피해를 입히지 않는 것이다. 만일 다른 사람에게 피해를 주거나 그 사람의 이해관계를 침해했다면 그것은 나쁜 행동이다. 따라서 공리주의의 원칙은 다음과 같다. 모두의 행복을 늘리고 고통은 줄여라.

모두가 살아갈 권리가 있다

공리주의의 주장처럼 어떤 행동의 유용성을 단순히 그 결과로 계산할 수는 없다고 비판할 수도 있다. 이해관계나 생명을 서로 비교해서 계산할 수 없다는 비판도 가능하다. 가령 미국 철학자 톰 레건은 동물에게도 생명권이 있다고 확신한다. 그는 인간과 동물을 대등하게 놓는 것이 아니라, 서로의 차이에도 불구하고 동등한 권리를 인정하는 것이 중요하다고 주장한다. 동물 스스로는 도덕적 의무를 모르겠지만 도덕적 의무를 받아들일 수는 있다는 말이다.

톰 레건은 보편타당한 의무와 권리를 그 근거로 내세운다. 이를 의무론적 윤리라고 한다. 의무론적 윤리에서는 행동의 가치를 그 결과로 판단하지 않는다. 대신 행동 자체의 옳고 그름을 평가한다. 여기서 제기하는 근본적인 물음은 다음과 같다. 행동의 동기와 의도가 무엇인가? 모든 행동은 그 행동의 결과와는 무관하게 도덕적으로 볼 때는 선하거나 악하다. 중요한 건 우리의 행동이 특정한 도덕적 규범을 준수했느냐이다. 살생 금지와 같은 도덕적 규범이 대표적인 예다. 동물을 도축하든 정당방위로 죽이든 생명을 죽이는 행동은 원칙적으로 잘못된 것이기 때문이다.

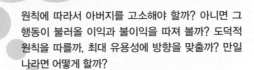

무시무시한 생각 여행

아버지가 은밀하게 마약을 거래해 돈을 번다는 사실을 우연히 알게 되었다고 상상해 보자. 도저히 믿기지 않지만 좋은 집과 휴가 때마다 즐기는 가족 여행, 그 밖에 자신의 모든 생활이 다른 사람들에게 불법 마약을 판 돈으로 얻어진 것이다.

원칙에 따라서 아버지를 고소해야 할까? 아니면 그 행동이 불러올 이익과 불이익을 따져 볼까? 도덕적 원칙을 따를까, 최대 유용성에 방향을 맞출까? 만일 나라면 어떻게 할까?

우정

소셜네트워크는 다른 사람들과의 접촉을 쉽게 해 주고, 정보의 폭도 더 넓혀 준다. 소셜네트워크에서 새로운 우정의 형태도 가능할까?

친구는 얼마나 많을 수 있을까?

학자들은 양이 다른 양들을 알아보고 사람의 얼굴도 구별할 수 있다고 한다. 일상생활에서뿐만 아니라 사진을 보고서도 말이다. 양은 기억력이 굉장히 뛰어나다. 그래서 양의 얼굴을 50마리 이상 알아볼 수 있다. 한 무리에서 알고 지내던 양들은 몇 년이 지난 뒤에도 서로를 알아본다.

"오랜 친구들이 주는 기쁨은 그들과 함께 있으면 때로는 바보짓을 해도 괜찮다는 것이다."
―랠프 월도 에머슨

우정을 아주 단순하게 정의하자면 시간을 함께 보내고 싶은 누군가와 친구가 되는 것을 의미할 수 있다. 중요한 건 무엇인가를 함께한다는 것이다. 그러나 누구에게나 시간은 제한적이고, 친구들의 수와 만남의 횟수도 제한적일 수밖에 없다. 모든 사람이 인터넷을 이용하고, 소셜네트워크에 프로필이 있으며, 모두 자동으로 모두와 친구가 된다고 상상해 보자. 현실적으로 가능할까? 우리는 다른 사람을 몇 명이나 알아볼 수 있을까? 우정에 대한 우리의 생각은 디지털 네트워크 안 다양한 친분 관계를 통해 어떻게 달라질까?

 아론

 알베르트

 알렉사

 아니타

 안톤

58

인간은 상호 간의 관심과 인정에 의존한다. 마사 누스바움은 친분을 맺고 가꿀 줄 아는 능력을 인간의 중요한 기본 능력 중 하나로 꼽는다. 한 사람과의 우정에서는 공통의 체험과 관심이 중심을 이룬다. 우리는 특정한 음악에 대한 취향을 다른 사람과 공유할 수 있다. 문학이나 영화, 여행, 축구, 비슷한 유머 코드도 마찬가지다.

우정은 감정이입과 공감을 토대로 생겨난다. 감정이입에 따라 느끼고 행동하는 사람은 다른 사람의 입장이 되어 생각할 줄 안다. 따라서 감정이입이란 다른 사람을 이해하고 그 사람의 관점에서 생각할 줄 아는 능력을 말한다. 공감은 서로를 좋게 생각하고 상대방의 감정이나 의견에 자기도 같다고 느끼는 기분이다. 우정은 양쪽이 비슷하게 느낄 때만 성립된다. 공감하지 않는 사람과는 친구가 될 수 없고, 공감하는 사람과는 친구가 될 수 있다. 우정은 상호성과 관련된 것이다.

공감과 감정이입은 다른 사람과 함께 있는 것을 즐겁게 해 준다. 우리가 친구나 애인, 가족에게 느끼는 이러한 연대감은 삶에서 가장 중요한 경험에 속한다. 그리스 철학자 아리스토텔레스는 우정을 올바른 삶의 조건으로까지 여긴다.

그러나 모든 우정이 아주 친밀할 필요는 없다. 예를 들어 축구에서는 경쟁이나 대결과는 상관없이 열리는 친선경기도 있다. 축구팬들끼리는 서로 개인적으로는 잘 몰라도 강한 결속력을 느낄 수 있다. 그들은 축구가 주는 즐거움과 같은 팀을 응원하는 열정을 공유하며, 팀의 승리를 응원한다는 공통의 목표를 갖고 있다. 아마 바로 이러한 점 때문에 그렇게 많은 사람들이 축구에 매료되는 게 아닐까. 한 공동체 안에서 서로의 감정을 공유하고 표현할 수 있다는 점 말이다. 소셜네트워크도 때로는 수많은 관중이 환호하고, 소리치고, 웃고, 미워하고, 감동의 순간들을 공유하는 거대한 축구 경기장과 비슷하다.

우정은 상대적이다

한 번도 본 적이 없거나 개인적으로 만난 적도 없는 누군가와 친구가 될 수 있을까?

어느 한 사람에 대해서 어느 정도까지 아는 것이 좋을까?

당신을 좋은 친구로 만드는 세 가지 면을 적어 보자!

우리는 하나의 지구촌에 살고 있을까?

캐나다 출신의 철학자이자 미디어 이론가인 마셜 매클루언은 1960년대에 이미 우리의 세계가 점점 더 하나로 연결될 거라는 입장을 밝혔다. 그는 전자 매체를 통한 세계의 네트워크화를 '지구촌'과 '지구 극장'에 비유하며 설명했다. 매클루언은 이러한 비유를 통해 구텐베르크의 인쇄술 발명으로 시작된 책의 시대에서 디지털 시대로 넘어가는 역사적 과도기를 나타내려 했다. 세계 곳곳에서 일어나는 온갖 사건들은 텔레비전과 인터넷을 통해 우리에게 점점 더 가깝게 다가온다. 사건을 시시각각으로 동시에 접할 수 있기 때문에 때로 전 세계가 하나의 지구촌 마을이라는 인상이 든다.

매클루언이 예견한 지구촌으로 연결된 하나의 세계는 지금 우리가 사는 현실과 정확히 들어맞아 보인다. 오늘날에는 소셜네트워크를 통해서 인맥을 관리하고 친분을 쌓는 것이 지극히 당연해졌다. 우리는 생각할 수 있는 온갖 목적과 주제, 관심사를 공유하기 위해서 전 세계 사람들과 교류할 수 있다. 우리가 원하면 언제든 세계 각지의 사람들과 점점 더 많이 접속할 수도 있다. 1990년대 초에 적극적으로 소통할 수 있는 관계의 상한이 150명 정도였다면, 오늘날의 네트워크 가능성은 그 수를 훌쩍 뛰어넘는다.

사회학자들이 가까운 친구 범위에 속하지 않는 관계를 '느슨한 결합'이라고 하는데, 느슨한 결합도 네트워크의 기능에서는 중요하다.

개념 규정의 문제

지인과 친구의 차이는 무엇일까?

인간관계는 전부 다르니까 모든 우정은 다 유일무이할까?

일상생활에서는 대부분 동일한 친구 범위 안에서만 소통하지만, 소셜네트워크에서는 느슨한 결합들을 통해 평소 시야에 들어오지 않는 다양하고 새로운 정보들을 접할 수 있다. 느슨한 결합은 우정으로 발전될 가능성이 없어도 유지될 수 있다. 일단 사람들을 소셜네트워크 안에 '주차해' 놓았다가 나중에 소통할 수 있으니 말이다. 소셜네트워크는 다른 사람들과의 접촉을 쉽게 해 주고, 정보의 폭도 더 넓혀 준다. 소셜네트워크에서 새로운 우정의 형태도 가능할까?

삶과 문화는 점점 더 긴밀하게 결합된다

전 세계의 발전 추세는 개인적인 통제 영역 밖의 일이며 얼마 전부터는 우리 삶과 문화를 점점 더 긴밀하게 결합시키고 있다. 세계화와 기후변화, 인도주의적 재앙과 같은 복잡한 현상들도 미디어를 통해 알 수 있고, 우리 일상의 일부가 되었다. 그 결과는 일상에서 아주 잘 드러나고, 각종 디지털 채널들이 없었다면 결코 접하지 못했을 수많은 사람들과 개인사도 우리와 연결되어 있다. 전 세계가 이웃이 되었고 나 또한 그 일부가 되었다. 이러한 이웃 관계는 새로운 형태의 다양한 문화에 대한 관용과 역량을 요구한다. 시골에 살든 도시에 살든, 여러 문화가 혼합되고 노동 및 생활 조건들이 국제화된 상황은 우리 삶과 세계 각지의 문화를 점점 더 긴밀하게 결합시키고 있다. 문화는 각양각색의 수많은 영향 아래 놓인 복잡하고 다채로운 집합체다. 그러니 서로 싸우지 않고 평화롭게 살기를 원한다면, 다른 종교와 문화의 다양성과 교류하는 법을 배워야 한다.

62

우리를 결합시키는 것은 무엇일까?

독일 문화에서는 다른 사람과 인사할 때 악수를 하면서 눈을 바라보는 것이 일반적이다. 서로 이야기를 나눌 때도 표정과 눈빛 교환은 중요한 역할을 한다. 우리는 서로의 눈을 바라보면서 다른 사람과 직접적이고 개인적인 관계를 맺는다. 덧붙이자면 바로 그런 이유에서 인간은 사랑을 할 때 다른 포유동물들과는 달리 서로를 바라보는 것인지도 모른다. 한 사람의 시선만큼 우리의 마음을 움직이고, 신경 쓰이게 하는 건 없다. 그 시선 속에서 우리는 자기 자신을 성찰하는 주체이자 관찰당하는 객체로서 의식하게 된다. 나는 타인이 나를 바라보는 것을 보고, 타인도 내가 그를 바라보는 것을 본다.

프랑스 철학자 에마뉘엘 레비나스는 이와 관련해 이상하고도 모순적인 생각을 발전시켜서 이렇게 말했다. '타인이 나보다 더 중요하다. 그가 내 앞에 있기 때문'이라고. 레비나스의 이

타인의 낯섦 안에서 전 인류가 나를 바라본다

텔레비전이나 인터넷으로 본 어떤 사람들이 직접적으로 우리의 마음을 건드리거나 갑작스러운 감정적 반응을 불러일으키는 상황을 경험한 적이 있을 것이다. 곤경에 처한 사람들을 보거나 한 사람의 특별한 사연을 들을 때 말이다. 우리가 낯선 사람의 눈을 바라볼 때 그 사람에게 친밀감을 갖게 되기까지는 얼마나 걸릴까? 학자들은 늦어도 4분이 지나면 누구나 그 사람에게 감정이입을 할 수 있다고 주장한다.

말은 다름과 낯섦의 경험이 모든 인간의 정체성에 포함된다는 뜻이다.
즉 나는 타인의 시선 속에서 나 자신을 인지하고, 경멸과 자부심, 이해,
책임, 부끄러움 등의 감정을 발견한다. 타인의 얼굴에서는 전 인류가
나를 바라보는 낯섦이 드러난다. 우리는 타인의 얼굴에서 우리를
그와 결합시키는 것을 발견한다. 문화, 언어, 성별, 출신과는 상관없이
존재하는 인간성이다. 레비나스는 우리 모두를 결합시키는 인간성이 신과
우주의 무한함만큼이나 불가사의하다고 보았다.

눈빛 교환

화면을 통해 타인과 눈이 마주치는 일과 직접 마주보는 일은 같을까?

다양한 문화는 어떻게 공존할 수 있을까?

출신과 종교와 문화가 다른 사람들의 공동생활은 아무런 갈등 없이 이뤄지지 않는다. 어느 사회나 대립과 혼란은 일상적으로 일어나기 마련이다. 미국 철학자 새뮤얼 헌팅턴은 세계의 여러 갈등이 피할 수 없는 문명의 충돌로 이어진다는 입장을 대변한다. 서로 다르기 때문에 공통의 관심사에 합의할 수 없는 문화들이 있다고 전제하는 것이다. 그에 따르면 각 문화는 서로 경쟁 관계이고, 어느 쪽도 타문화를 위해서 자신들의 가치와 생활 방식을 포기하려 하지 않는다. 따라서 문화 간 싸움은 더 강한 쪽이 자기 뜻을 관철시키는 권력 갈등이라는 것이다. 그러나 많은 철학자들은 헌팅턴의 명제를 비판하고 의문을 제기한다. 그의 명제에서 특히 문제가 되는 건 개별 문화들, 가령 중국 문화나 이슬람 문화, 또는 서유럽 문화를 폐쇄적인 단일 문화권으로 관찰한다는 점이다. 현실에서는 대부분의 문화권이 이민자들의 사회로 이루어져 있고, 그 안에서 이미 서로 다른 문화가 함께 어우러져 살아가고 있다.

세계시민주의 이론에서 볼 때 문화적 순수성은 그 말 자체로 모순이다. 어떤 문화도 타문화의 영향 없이 독자적으로 존재하지 못하고, 순수한 형태를 유지하는 문화도 없다. 모든 문화는 과거에 이미 타문화의 영향에 노출되어 있었고, 타문화와 뒤섞였다. 따라서

각 문화와 민족, 국가 사이를 명확하게 규정해 주는 경계는 환상에 불과하다. 세계시민주의에서 보는 문화란 명확한 경계를 구분할 수 있을 만큼 확고한 본질적 핵심을 갖고 있지 않다. 마찬가지로 인간에게도 지속적이고 변하지 않는 본질적 핵심은 없다. 세계시민주의 철학자들은 인간의 정체성에 대해 새로운 이해를 찾고 있다. 그들에 따르면 한 사람의 정체성은 출신과 언어, 민족과 국가의 영역으로 밝혀낼 수 없다.

문화적 경계를 뛰어넘는 우정

어떤 사회에서나, 출신 지역이 다르고 가치와 신념과 종교가 다른 사람들이 함께 어우러져 살아간다. 모두가 서로 평화롭게 살기를 원한다면 상대방을 이해하고 문화적 경계를 뛰어넘고자 하는 관점을 지녀야 한다. 영국 철학자 콰메 앤서니 아피아의 말이다. 이처럼 문화적 경계를 뛰어넘는 관점은 세계시민주의 윤리에 기반한다. 이 관점으로 세상을 보려면 우선 여러 문화를 넘나들며 가치와 도덕적 질문에 대한

66

대화에 응하겠다는 마음가짐을 가져야 한다. 문화적 차이와 갈등이 있다고 해서 공통의 가치 공동체를 만들지 못하는 건 아니다. 중요한 건 그러한 차이와 갈등을 어떻게 다룰 것인가이다. 자신의 관습에서 벗어나는 행동 방식도 참고 받아들일 수 있어야 한다. 앤서니 아피아는 그것이 가능하도록 하는 세계시민주의 윤리를 구상했다.

1. 언어와 문화가 다른 사회라 하더라도 '좋다'와 '나쁘다'와 같은 근본적인 도덕적 개념들은 모두 알고 있다. 그것을 토대로 사회의 가치에 대해 의견을 나눌 수 있다. 우리에게 필요한 건 공동생활을 위한, 그리고 공동생활에 관한 소통의 가능성이다. 다른 사람들의 생활 방식과 습관에 관심을 가지자. 이러한 관심과 차이에 대한 토론이 있어야 문화적 경계를 뛰어넘는 이해가 가능해진다.

2. 세계시민사회에서 의견 차이는 전혀 문제가 되지 않는다. 서로 이해하기 위해서 의견이 반드시 일치해야 하는 건 아니라는 사실을 알기 때문이다. 예를 들어 성폭력이나 아동 학대 금지를 이야기할 때 어떤 근거와 방법을 제시하는가는 큰 문제가 아니다. 중요한 건 무엇보다 금지를 공통의 가치로 받아들이고, 위반하는 경우 가해지는 특정한 조치들에 동의하는 것이다. 그래서 세계시민주의 윤리는 근거 설명을 하지 말라고 요구한다. 일상의 공동생활에서는 공통의 가치에 동의하는 것이 중요하지, 그것이 왜 타당한지가 중요한 건 아니기 때문이다.

3. 세계시민주의 윤리에서는 토론에 참석한 사람들이 비록 공통의
    가치에 동의하지 않는다고 해도 호의적으로 대화를 나누었다는 사실
    자체만으로도 만족한다. 여기서 말하는 호의란 서로 의견은 달라도 생활
    방식의 다름을 이해하고 관용을 베푼다는 뜻이다. 다른 사람의 생활
    방식을 용인하고 그 점에 대해 의견을 나누다 보면 서로에게 익숙해지는
    결과로 이어진다. 소통과 관용의 가장 큰 부수적 효과는 다른 사람의
    생활 방식을 견디게 되는 것이기 때문이다. 따라서 소통만 중단되지
    않는다면 모든 것이 다 좋다. 자기 나라 사람들에게 익숙해지듯이 시간이
    지나면 다른 나라에서 온 사람들에게도 적응이 된다. 세계시민주의가
    바라보는 세계에서 인간은 습관의 동물이고, 습관은 종종 이성적인
    근거보다 인간의 일상생활에 더 많은 영향을 끼친다. 다름은 때로 습관의
    문제일 뿐이다.

한 나라에서 살아가는 데 필요한 것들

그 나라 말을 할 줄 알고 일자리를 얻을 수 있는 정도면 충분할까?

한 공동체에 소속감을 느끼려면 무엇이 필요할까?

의견의 자유, 종교의 자유, 성적 자기 결정권, 폭력으로부터 자유로운 교육은 어떤 것일까?

언어

6

여섯 번째 생각 실험

우리는 누군가를 불안하게 하거나 위로할 수 있고, 겁을 주고, 용기를 주고, 확신을 주고, 설득하고, 상처를 주거나 칭찬할 수도 있다. 이 모든 것은 우리가 언어로 하는 행위들이다.

언어가 우리의 실재를 만드는 걸까?

함께 실험해 보자. 아무 단어 없이 뭔가를 생각하는 것이다. 할 수 있을까? 언어 없이 생각하는 것이 가능할까?

일상생활에서 언어에 대해 생각하는 일은 매우 드물다. 언어에는 아주 많은 것들이 들어 있는데도 말이다. 말을 하는 것이 지극히 당연한 일로 여겨질 만큼 언어는 우리의 지각과 사고와 밀접하게 연관되어 있다. 그러나 언어는 단지 유익한 소통 수단일 뿐만 아니라 우리 행동의 상당 부분에도 영향을 미친다. 가령 크루아상이나 브뢰첸, 바게트, 참깨빵, 호밀 식빵 등의 말을 모른다면, 다양한 종류의 빵을 어떻게 주문할 수 있을까? 우리가 종류가 다른 빵과 과자의 이름을 말할 때, 그것은 단순히 세상에 있는 그 사물들만 표현하지는 않는다. 우리는 언어를 통해 외부 세계를 인지하는 방법과 양식도 함께 구성한다. 예를 들어 별과 달, 행성,

'건포도 빵'이라는 단어를 생각해 보자

건포도 빵이라고 큰 소리로 말하고 연속해서 열 번 반복한다.

그런 다음 혼자서 조용히 건포도 빵이라는 단어를 생각해 보자.

이제 소리 내어 생각을 말해 보자.

태양 등의 개념을 모른다면, 우리는 밤하늘에 반짝이는 수많은 점들을 무엇이라고 인지할까?

일상의 감각 세계에서는 사고와 언어가 하나로 짝을 이루고 있고, 보통은 무슨 생각을 하든 거기에 맞는 단어들이 있다. 이름 붙여진 것이 없는 뭔가를 생각한다는 건 어려운 일이지만 불가능하지는 않다. 예를 들면 '갈증'의 반대말을 생각해 보자. 정확히 들어맞는 단어는 없지만, 그럼에도 불구하고 우리는 갈증이 없는 상태가 어떤 의미인지 안다. 언어가 우리의 인식과 사고에 미치는 영향은 어디까지일까?

언어는 상대적이다

모든 언어는 그 언어마다 현실을 체계화하는 고유의 개별적인 방식이 있다. 그 때문에 다른 언어를 가진 사람들은 세계도 다르게 인지한다. 예를 들어 '눈'이라는 단어를 전혀 모르는 사람은 눈송이와 도로 가장자리의 질척거리는 눈이 같은 사물의 두 가지 형태라고 인지하지 못할 것이다. 그에 반해 에스키모들은 눈에 관한 단어가 아주 많아서 눈의 여러 색깔과 특징을 다양하게 표현한다. 사막에서 사는 사람과 에스키모가 눈에 관한 대화를 제대로 주고받을 수 있을까? 언어학자인 에드워드 사피어와 벤저민 리 워프는 모국어의 문법과 어휘가 우리의 사고에 미치는 영향이 너무 강하기 때문에 다른 언어로는 인간의 특정한 생각들을 이해할 수 없다고 주장한다. 이러한 주장을 언어의 상대성원리라고도 부른다. 이 원칙을 철저하게 따른다면, 다른 언어로 번역을 한다는 건 불가능한 일이다. 나아가서는 다른 언어를 가진 사람들은 세계에 대한 이해와 표상도 완전히 다르기 때문에 서로를 이해할 수도 없다. 하지만 언어가 다른데도 우리는 모두 같은 세계에 살고 있지 않은가?

우리가 말로써 사회에 개입하는 방식들

일상생활에서만이 아니라 사회와 정치에서도 언어와 인지의 관계는 매우 복잡하게 얽혀 있다. 언어는 우리의 인지를 변화시킬 수 있을 뿐만 아니라, 사회적 인지에도 영향을 주고 정치적 토론을 자극할 수도 있다. 가령 남녀평등을 이루기 위해서 새로운 단어들을 만들어 인위적으로 도입해야 하는가의 문제는 매우 뜨거운 논쟁을 불러일으켰다. '남자 대학생'과 '여자 대학생'을 구분해서 사용하지 말고 모두 '대학생'이라고 말하는 것이 우리의 일상적 인지에도 변화를 줄까? 언어적 조치가 사회를 더 평등하게 만들까?

우리 삶에 직접적으로 영향을 주는 언어적 개입의 또 다른 사례는 의학이다. 예를 들어 지난 몇 년 사이에 주의력결핍과잉행동장애 (ADHD)에 시달리는 사람들의 수가 증가했다고 생각할 수 있다. 그런데 이 장애에 대한 진단이 도입된 건 얼마 되지 않았다. 진단이 도입된

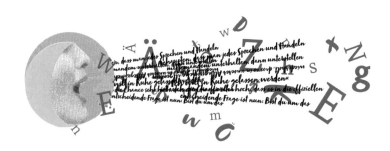

뒤로 환자를 진료한 사례도 증가했을 것이다. 결국 현상은 진단 도입과 함께 하나의 용어로 명명되었다. 그렇다면 진단이 도입되기 전에는 주의력결핍과잉행동장애가 전혀 없었을까?

우리는 무엇에 대해 말할까?

어떤 나무 앞에 서 있다고 생각해 보자. 나무 꼭대기에는 붉은 다람쥐 한 마리가 앉아 있다. 하지만 우리는 반대편에 서 있어서 그 다람쥐를 보지 못한다. 우리는 이제 오른쪽으로 나무줄기 주위를 돌아 꼭대기를 올려다본다. 그러나 다람쥐도 우리와 같이 재빨리 움직여 나무줄기를 한 바퀴 돈다. 우리는 처음 출발했던 곳으로 되돌아왔지만 여전히 다람쥐를 보지 못한다. 우리와 다람쥐 사이에는 줄곧 굵은 나무줄기가 있었기 때문이다. 여기서 결정적인 질문은 이렇다. 우리는 다람쥐 주위를 돈 것일까, 돌지 않은 것일까? 분명한 점은 우리가 나무 주위를 한 바퀴 돌았다는 사실이다.

이 생각 실험은 미국 철학자 윌리엄 제임스가 고안했다. 조금 전 질문에 대한 답은 "다람쥐 주위를 돌았다"라는 표현이 실제로 무슨 뜻이냐에 달려 있다. '주위를 돈다'라는 말을 다람쥐를 가운데 두고

73

한 바퀴 빙 도는 것으로 이해한다면 우리는 다람쥐 주위를 돌지 않은 것이다. 그러나 다람쥐를 보았든 보지 못했든 상관없이 다람쥐 주변을 한 바퀴 돌았다는 말로 이해한다면, 실제로 다람쥐 주위를 돌았다고 볼 수 있다. 이 생각 실험은 공간을 상상하게 할 뿐 아니라, 하나의 표현에는 옳은 의미가 딱 하나만 있는 게 아니라 여러 개가 존재할 수도 있다는 사실을 보여 준다.

@기호를 읽는 모든 사람들에게! #이모티콘

많은 언어 기호들 중에는 가령 '병'과 '뱀'처럼 서로 완전히 다른 두 개의 사물을 나타내는 것들이 있다. "난 완전 😊"이나 "오늘은 모든 게 ☁️"는 기호가 놓인 자리 덕분에 무슨 의미인지 누구나 쉽게 이해할 수 있다. 무슨 일이 있었냐고 물을 수는 있겠지만, 그게 무슨 뜻인지 모르는 사람은 아마 없을 것이다. 어떤 단어의 철자나 단어 전체가 빠진 경우라도 우리는 그 빈 곳을 채워, '진슬의 으미를 이해할 수 있다. 저어도 너무 마은 것이 빠지지만 았다면……'

모든 것은 다르게 불릴 수 있다

개를 꼭 '개'라고 불러야 하는 이유가 있을까? 스위스 언어학자 페르디낭 드 소쉬르는 언어의 기호를 기표와 기의라는 두 가지 구성 요소의 결합으로 설명한다. 기표는 한 단어에서 사물을 표시하는 소리('개'라는 발음)에 해당한다. 다르게 말해서 기표는 기호를 표시하는 외적인 형태이다. 반면에 기호의 의미를 뜻하는 기의는 표시된 것, 단어가 표시하는 사물의 내용(동물로서의 개)에 해당한다. 기표와 기의 사이의 결합은 항상 임의로 이루어진다. 물론 개가 '야옹' 하지 않고 '왈왈' 또는 '멍멍' 짖는 건 우연한 결합이 아니다. 이처럼 사람이나 사물의 소리를 흉내 내어 만든 의성어는 예외로 분류된다.

'의미'에는 두 가지 의미가 있다

"얼굴에 난 여드름은 그 사람이 사춘기라는 것을 의미한다." "거리가 젖어 있는 건 비를 의미한다." 이 두 문장은 각각 한 사람에게 나타나는 증상과 주변에서 관찰되는 징후에 대해 말하고 있다. 첫 문장은 삶의 한 시기를 나타내고, 두 번째 문장은 날씨에 대해 이야기한다. 두 경우 모두 세상에 존재하는 징후를 다루고 있다. 그렇다면 "한 문장을 '끝내다'와 '마치다'는 같은 의미일까?"라는 문장은 어떨까? 이 문장에서는 갑자기 세상에 존재하는 어떤 대상과 직접적으로 관련되지 않는 단어들이 나온다. 이 때문에 언어철학자 허버트 폴 그라이스는 자연적 기호와 상징적 기호를 구분했다. 거리가 젖어 있는 것은 비가 내려서 생긴 자연적인 결과이고, 여드름은 사춘기의 자연적인 징후이다. 반면 철자와

75

단어, 문장 들은 무엇인가를 나타내는 자연적인 기호가 아니라 상징적인 기호들이다.

이것은 트램펄린이 아니다!

이 문장은 무슨 뜻일까? 문장을 어떻게 해석하느냐에 따라 뜻이 달라진다. '이것'이 '트램펄린'을 언급한 것이라면, '트램펄린'이라는 말 자체가 트램펄린이 아님을 의미한다.

그렇다면 '의미'에도 서로 다른 의미들이 있지 않을까? 자연적인 기호에는 진실 혹은 거짓인 보편타당한 법칙이 있어 왔다. '거리가 젖어 있는 것'이 지닌 의미는 우연히 생기지 않았다. 그것은 비가 내린 결과이며, 객관적 사실을 근거로 하고 있다. 세계를 객관적으로 설명할 수 있다면, 모든 진술은 현실을 정확하게 설명하느냐 아니냐에 따라서 진실이거나 거짓일 수 있다는 뜻이기도 하다. 어떤 문장의 참과 거짓은 간단하게 확인할 수도 있는데, 가령 "모든 바나나는 네온핑크

색이다"라는 문장처럼 말이다. 이처럼 자연적 기호는 세상에서 일어난 일들을 기술한다. 그러나 상징적 기호는 다르다. 상징적 기호는 언제나 단어와 문장을 통해 뭔가를 말하고자 한다. 물론 타인이 그 말을 정확히 이해하느냐는 별개의 문제이다.

단어의 의미는 사용에 따라 결정될까?

앨리스는 이상한 나라에서 굉장히 이상하고 자만심에 찬 험프티 덤프티라는 달걀 인간을 만난다. 그는 자기가 말하는 단어들의 의미를 자유롭게 선택할 수 있다고 주장한다. 그러면서 '생일 아닌 날 선물'과 같은 새로운 단어들도 만들어 낸다. 생일이 아닌 날에 받는 선물이라는 뜻이다. 앨리스는 혼란스러워하며 궁금해 한다. 한 단어의 의미를 마음대로 바꾸거나 새로운 단어를 만들어 낼 수 있을까? 험프티 덤프티는 어떤 단어든 항상 자신이 옳다고 여기는 바로 그 뜻을 갖는 게 지극히 당연하다고 말한다. 험프티 덤프티의 말은 각자의 사용에 따라서 단어의 의미가 결정된다는 뜻이다. 이런 주장은 우리 시대의 가장 유명한 언어

77

이론 중 하나인 사용 이론을 낳았다. 이 이론은 오스트리아 철학자 루트비히 비트겐슈타인으로부터 시작된다. 그러나 비트겐슈타인도 이 이상한 달걀 인간이 사용하는 말과 같은 사적인 언어는 없다고 보았다.

단어의 의미는 어디서 올까?

이런저런 단어들을 생각해 보자

몸짓으로 표현할 수 있는 단어

자신에게 중요한 상징을 나타내는 단어

자신과 관련된 단어

반대말이 없으면 의미가 없는 단어

우리는 단어의 의미를 서로 다르게 사용할 수 있다

사용 이론은 무척 단순하다. 여기서 말하는 단어의 의미는 그 단어의 사용에 달려 있다. 단어들의 의미는 상황에 따라 달라질 수 있기 때문에 보편타당한 의미는 없다. 단어와 문장을 이해하려는 사람은 그 단어와 문장이 우리의 일상적인 소통에서 어떻게 사용되고 있는지를 파악해야 한다. 따라서 한 단어의 의미란 상황에 따라서 각각 다르게 사용되는 뜻을 전부 합한 것이다. 예를 들면 "저기 좀 봐, 저 뒤쪽 들판에 까만 양이 있어!"에서 말하는 까만 양과 "나는 집안의 까만 양이야"에서 말하는 까만 양은 각각 의미가 다르다. 비트겐슈타인은 이처럼 한 단어의 뜻을 서로 다르게 사용하는 것을 언어놀이라고 부른다. 모든 언어놀이는 고유한 법칙을 따른다. 매일 언어를 사용할 때마다 우리는 일상적으로 언어놀이를 한다. 따라서 다른 사람들의 언어놀이에 익숙해지는 것 또한 중요하다.

언어는 사회적 소통 과정이다

인간의 언어와 소통은 사회적 과정이다. 그렇다고 단어의 의미가 쉽게 바뀐다는 말은 아니다. 우리가 다른 사람들과 소통할 수 있으려면 사회적으로 약속된 의미들로 이루어진 언어가 필요하다. 우리는 대부분의 경우 언어놀이가 올바로 적용되었을 때와 잘못 적용되었을 때를 구별해 낸다. 때로는 언어가 지역별로 다르게 사용되기도 해서 그 자체로 올바르거나 잘못되었다고 할 수 없는 경우들도 있다. 예를 들면 같은 튀김 요리와 팬케이크라도 각 지역에 따라 사람들이 생각하는 형태는 다를 수 있다. 과자의 종류도 그 이름의 차이만큼이나 다양할 것이다.

우리는 단어를 사용하면서 그 단어의 의미를 계속 조정한다. 서로 이야기하면서 상대방의 말을 이해할 때, 우리는 사용하는 단어들의 의미를 다시 한 번 확인하게 된다. 마찬가지로 새로운 단어들을 배우기도 한다. 이런 방식으로 한 단어의 의미는 시간이 지나는 동안 확대되고 달라질 수 있다. 새로 생긴 의미가 일반적으로 통용되기 위해서는 충분히 많은 사람들에 의해 사용되어야 한다. 가령 독일어 '핸디(Handy)'는 수많은 사람들에 의해 반복적으로 사용되었고, 지금은 휴대전화를 이르는 일반적인 명칭으로 받아들여졌다. 여기서 재미있는 사실은 영어권에서는 '핸디'가 전혀 다른 뜻으로 사용된다는 점이다. 새로 생긴 단어가 충분히 자주 반복되면 사전에 공식적으로 기록될 가능성도 상당히 높아진다. 이처럼 어학 사전에 규정된 규칙들만 우리의 언어 사용에 영향을 주는 것이 아니다. 우리의 언어 사용도 사전에 올라 있는 내용을 변화시킨다.

이런 단어도 있을까?

아무 의미도 없는 단어

나에게 아무런 의미가 없는 단어

내가 다른 의미를 부여했으면 하는 단어

나 이외에는 아무도 의미를 모르는 단어

언어로 무엇을 할 수 있을까?

우리는 언어로 말만 하는 것이 아니다. 영국 언어학자 존 오스틴의 언어 행위 이론에 따르면, 우리는 언어로 뭔가를 한다. 예를 들면 저항하고, 욕하고, 놀리고, 랩을 하고, 시를 쓰고, 농담을 한다. 진술 역시 요구, 물음, 부탁, 경고, 농담, 권유나 협박 등으로 이해될 수 있다. 물음으로는 하나의 주장을 나타낼 수도 있다. 예를 들면 "너, 미쳤어?"라고 묻는 경우이다. 그밖에도 모든 언어 행위는 상대방에게 효력을 발휘해야 한다. 우리는 누군가를 불안하게 하거나 위로할 수 있고, 겁을 주고, 용기를 주고, 확신을 주고, 설득하고, 상처를 주거나 칭찬할 수도 있다. 이 모든 것은 우리가 언어로 하는 행위들이다. 그러나 원하는 효과를 얻지 못하는 언어 행위는 아무 소용이 없다. 농담이나 저항도 상대방이 받아들이고 이해해야 비로소 성공적인 언어 행위가 된다.

말은 곧 행동이다

누군가와 이야기를 나눌 때 우리는 그 사람이 우리에게 뭔가 전달하려 한다는 것을 당연하게 생각한다. 우리는 그가 하는 말들을 의견, 의도, 특정한 기대와 결합시킨다. 친한 친구와 영화를 보는데 친구가 이렇게 말한다. "이 영화 너무 지루해!" 여러분은 그 말에 "맞아, 지루해"라고

하거나 고개를 끄덕이는 것으로 대응할 수 있다. 그러나 친구의 말은
어쩌면 행동을 원하는, 즉 영화관을 나가자고 부탁하는 의미일 수도
있다. 필요하다면 친구에게 "너무 지루해!"의 속뜻을 물어볼 수 있다.
그리고 영화가 아주 마음에 든다면 영화를 끝까지 보고 싶어서 친구의
말을 그냥 무시할 수도 있다. 이런 상황에서는 단순히 누가 무슨 말을
어떻게 하느냐만 중요한 게 아니고, 이야기를 나누는 사람들이 서로 어떤
관계인지도 중요하다.

이해는 해석이다

인간은 말을 할 때 기계처럼 단순히 하나의 코드만 적용하지 않는다.
모든 인간은 소통을 할 때 자신의 개성을 드러내고 자신의 언어에
개인적인 특색을 부여한다. 하나의 진술이라도 듣는 사람에 따라서
해석이 다른데, 상당히 개인적으로 해석되는 경우가 많다. 왜냐하면 사실
영역과 관계 영역 사이에 차이가 있기 때문이다. 하나의 진술은 언제나
객관적 영역(진술 내용)과 개인적 영역(진술하는 사람과의 관계)에서 해석된다.

한 사람의 언어로 알 수 있는 것들

출신 지역이 어디인가?

교육 수준은 어느 정도인가?

현재의 감정 상태는 어떤가?

정치적 견해는 어떠한가?

일상적인 소통에서 발생하는 여러 오해는 객관적인 영역과 개인적인 영역의 혼동("나는 그런 뜻으로 한 말이 전혀 아니야!")에서 비롯된다.

누군가와 이야기를 할 때 그 사람이 진실을 말하는지 아닌지 어떻게 알까? 우리는 보통 상대방이 하는 말이 사실이라고 전제한다. 신속하고 단순하게 소통하기를 원하기 때문이다. 상대의 말 한마디 한마디를 비판적으로 캐물어야 한다면, 그런 대화를 나눌 필요가 있을까? 이 말은 누군가 우리를 속인다면 그것을 매번 알아채지는 못한다는 뜻이기도 하다. 누군가의 말은 그가 실제로 의도했던 내용과 항상 일치하지는 않는다. 우리는 말로 우리의 속뜻을 감추고 어떤 일이 사실인 것처럼 속일 수 있다. 또 누군가 도무지 이해하려 하지 않는다면 우리는 말을 전달하는 데 심각한 어려움을 겪기도 한다.

소통을 안 할 수도 있을까?

병원 대기실에 앉아서 차례를 기다리며 휴대전화를 보고 있다고 생각해 보자. 대기실에 있는 다른 환자들은 그 모습을 통해 대화를 나누고 싶어 하지 않는다고 생각할 수도 있다. 그 사람들 입장에서 보면 이 행동은 방해받고 싶지 않다는 의사 표시인 셈이다. 의사소통 심리학자 파울 바츨라비크는 다음과 같은 유명한 말을 했다. "우리는 소통을 안 할 수 없다." 이 말은 침묵도 하나의 진술일 수 있다는 뜻이다. 비록 의도하지 않았어도 침묵은 "나한테 말 걸지 마" 혹은 "난 조용히 있고 싶어"라는 뜻을 나타낼 수 있다는 것이다. 일부 철학자들은 여기에 의문을 표하며, 모든 말과 행동은 하나의 의도로 환원될 수 있어야 한다고 주장한다.

83

과연 소통하지 않으면서 한 공간에 말없이 앉아 있을 수 있을까? 파울 바츨라비크의 주장을 아주 엄밀하게 적용하자면, 모든 인간은 다른 사람들과 함께 있는 순간부터 끊임없이 소통을 한다. 설령 혼자 있을 때조차 자기 자신과 소통하며 마음속으로 대화를 이어 간다.

소통이 전부다!

의도치 않게 어떤 일로 소통하는 상황을 생각해 보자.

별다른 의도 없이 다른 사람들과 한 공간에 앉아 보자.

무심하게 농담해 보자.

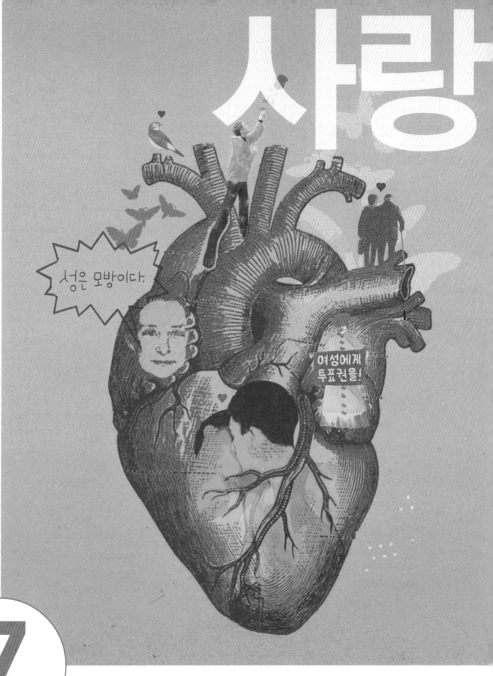

사랑

성은 모방이다.

여성에게
투표권을!

성별에 따른 역할은 자연적으로 주어진 것이 아니라 사회적으로 규정되었다. 완벽하게 여성적이거나 남성적인 태도란 존재할 수 없다. 그 사이에 있는 매우 다양한 태도가 관찰될 뿐이다.

사랑하는 사람을 마음대로 고를 수 있을까?

사랑에 빠지는 것이 어떤 감정인지 모르는 사람은 거의 없다. 사랑에 빠진 사람은 세상이 다르게 보인다. 사랑에 빠진 감정은 때로 뱃속이 간지럽거나 구름 위를 떠다니는 기분으로 묘사되기도 한다. "정신 나간 것처럼 푹 빠졌어"라는 표현도 몸으로 느낄 수 있는 상태를 나타낸다.

학자들도 사랑에 빠지는 일의 육체적 차원을 즐겨 강조한다. 예를 들어 특정한 외모적 특징을 가진 사람은 매력적으로 보인다. 어떤 학자들은 아름다움과 매력이 대칭적 형태에서 비롯된다고 주장한다. 신체 구조가 대칭을 이룰수록 아름답게 보인다는 것이다. 반면 대칭이 살짝 어긋날 때 더 아름답게 보인다고 주장하는 학자들도 있다.

두 사람 사이에 작용하는 매력은 생화학적 과정에서 비롯되기도 하는데, 이때는 후각이 중요한 역할을 한다. 연구자들은 사랑에 빠진 사람들이 냄새를 특히 잘 맡는다는 사실을 밝혀냈다. 조금은 우습게 들릴 수도 있지만, 사랑에서는 이런 능력이 극적인 오해를 불러일으킬 수도 있다. 예를 들어 피임약을 복용해서 후각이 바뀌고, 그 때문에 선택하는 파트너도 달라지는 일이 가능하기 때문이다. 사랑은 매력의 문제일까?

86

우리는 한 사람의 어떤 면을 높이 평가하고 사랑하는지 말할 수 있다. 그렇지만 좋아하는 특징을 마음대로 고르지는 못한다. 또 그 사람을 사랑하는 이유를 말할 수는 있지만 왜 비슷하거나 같은 특징을 지닌 다른 사람이 아닌 바로 그 사람을 사랑하는지는 설명하지 못한다.

사랑이 아무리 보편적인 현상으로 보이고 모든 문화권에 나타난다고 해도, 사랑하는 상대를 우리 마음대로 고를 수는 없다. 철학자 아르투어 쇼펜하우어와 심리학자 지크문트 프로이트는 사랑이 성적 충동과 번식을 위한 것이고, 결국 종족 보존을 위한 수단이라고 말한다. 그들은 인간의 사랑에서는 진화를 통해 증명된 생물학적 원리들이 작용한다고 본다. 누군가를 매력적으로 느낄 때 유전적 생물학적 특징의 영향을 받는다는 것이다. 그렇다면 사랑의 존재 이유란 단지 자손을 충분히 얻기 위해서일 뿐일까?

낭만적 사랑은 그렇게 오래되지 않았다

사랑을 어떻게 정의하든 연애 관계만큼 우리를 크나큰 모순에 빠뜨리는 관계는 아마 없을 것이다. 우리는 연애 관계에서 가장 큰 친밀감과 내밀함을 체험한다. 사랑에 의한 결합과 정서적 신뢰, 사회적 친밀감은 연인들을 깊은 우정과 가족보다 더 강렬한 연대감을 느끼는 관계로 만들어 준다.

과거의 결혼은 상대방이 어떤 사회적 계층에 속하는지, 재산은 얼마나 갖고 있는지, 결혼으로 얻게 되는 이익은 무엇인지 등의 문제들과 더 관련 깊었다. 연애 관계도 합리적인 이해관계를 따지는 일이었다. 한 사람과의 결합은 개인의 감정에 따른 자유로운 결정을 바탕으로 이루어져야 한다는 생각은 한참 뒤에야 등장했다. 철학자들은 대부분 낭만적 사랑의 이념이 그리 오래되지 않은 생각이고, 19세기에 시작됐다는 데 동의한다. 두 사람 사이의 특별한 성적, 정서적 관계를 중시하는 생각은 내부와 외부의 감정 세계가 예술의 중심에 놓인 낭만주의 시대에나 발전할 수 있었다. 낭만주의에서는 사랑을, 이성적이고 자유롭지 못한 현실에서 감정으로 충만한 자유가 숨 쉬는 곳으로 여겼다.

그러나 이처럼 감정을 강조하는 자유로운 사랑의 이념은 사랑을 순전히 생물학적인 문제로만 보는 생각만큼이나 의문스럽다. 낭만적인 사랑은 일종의 이상이다. 이 이상은 오늘날에도 역시 존재하며 연애 관계에 대한 우리의 생각에 영향을 준다. 그런데 한 가지 흥미로운 점은, 많은 사람들이 더 이상 낭만적인 사랑을 믿지 않으면서도 낭만적인 이상은 고수한다는 사실이다. 연인 관계가 평생 유지되어야 한다고는 믿지 않지만, 그러면서도 동시에 평생을 함께할 동반자를 원한다.

사랑하고 싶어, 사랑받고 싶어?

대부분의 사람들은 사랑받길 원한다.

인간관계에서 사랑이 어떤 역할을 하는지 곰곰이 생각해 보자.

다른 사람을 좋아할 때, 그 사람 자체가 좋아서 좋아하는 걸까?

아니면 그들이 당신을 좋아하기 때문에 좋아하는 걸까?

우리는 사랑을 무엇이라 생각할까?

오늘날 학문적 입장에서 볼 때 사랑의 감정은 친밀감, 열정, 애착에 토대를 둔다. 사랑의 정서적, 동기적, 인식적 관점에 대해 학문적으로 살펴 보자. 사랑의 정서적 영역은 친밀함과 결합된 모든 감정과 가치를 의미한다. 예를 들면 신뢰, 가치 평가, 존중 등이다. 동기적 영역은 우리가 사랑하게 되는 모든 동기를 포함한다. 성적 만족의 추구라든가 외로움에서 벗어나고자 하는 마음도 사랑의 동기가 될 수 있다. 공통의 관심사가 연애 관계의 바탕이 되는 경우도 많다. 인식적 관점은 한 사람과 함께 살기로 하는 의식적 결정을 의미한다. 이 결정은 전통적으로 결혼을 통해서 공식화된다. 그러나 현실에서는 다른 사람과의 공동생활에 대한 결정을 끊임없이 다시 내려야 하는데, 그래야 관계의 구속력을 계속 유지할 수 있기 때문이다.

철학에서는 두 사람 사이의 사랑을 공통의 의지와 합일로 설명하곤 한다. 사랑에 대한 이러한 정의는 가장 오래된 것 중 하나로서 아리스토텔레스로 거슬러 올라간다. 그에 따르면 사랑은 결핍에서 생기며, 그 결핍을 채우기 위해서 '우리'로 하나가 된다. 오늘날의 철학자들은 이 관점에서 말하는 '우리'가 상대방의 고유한 특징을 서로 존중하는 두 개인의 존재를 간과한 것이 아니냐는 문제로 논쟁을 벌인다.

이백 년 사이에 사랑에 대한 사회적 관념은 크게 변했다. 18세기에 시작된 근대의 자유와 평등 운동, 남녀평등 사상을 통해 연애 생활도 근본적으로 달라졌다. 사람들은 오랫동안 연애 관계란 남녀 사이에만 존재해야 한다고 생각했다. 오늘날까지도 우리 사회에서는 아이들이 있는 가족을 두 사람 사이의 사랑을 보여 주는 가장 중요한 상징으로 여긴다.

> **"그러나 사랑은… 개인에서 개인으로만 가능하다."**
> ─쿠르트 투홀스키

그러나 우리는 많은 사람들이 양성애 성향을 갖고 있다는 사실을 안다. 뿐만 아니라 사랑의 관계가 성적인 지향이나 성별과는 상관없이 다양한 형태로 등장한다는 사실도 안다. 가족에 대한 관념도 더 이상 전통적인 이상만 존재하지 않는다. 예를 들면 이혼과 재혼 등으로 인한

패치워크 가족 여러 가지 천 조각을 꿰매 붙인 패치워크처럼 서로 다른 인간관계가 모여 가족적 유대감을 이루어 내는 공동체, 아버지나 어머니가 혼자 아이를 키우는 한부모 가족이 생겨난다. 여느 가족들처럼 자식들을 키우는 동성 파트너로 이루어진 새로운 가족 형태도 등장하고 있다. 따라서 사람들이 사랑에 대해 각양각색의 생각을 갖는 건 전혀 놀라운 일이 아니다.

첫눈에 반하는 사랑을 믿어?

최초의 인간은 몸이 공처럼 둥근 형태였다고 상상해 보자. 공 모양 인간은 한 사람이 아니고 사랑으로 함께 굴러다니는 두 사람이었다.

그러던 어느 날 인간은 한 몸에서 떨어져 나왔고, 그 뒤로 모든 반쪽은 자신의 나머지 반쪽을 찾으러 다닌다. 어떤 사람들은 자신의 더 나은 반쪽을 찾는다고도 말하는데, 다른 반쪽이 없으면 불완전할 수밖에 없는 존재이기 때문이다. 이 공 모양 인간에 대한 이야기는 플라톤이 했고, 이 세상에서 완벽한 파트너를 찾고 싶어 하는 인간의 갈망을 아주 단순하게 설명한다.

사람 사이의 직접적인 친밀감(영혼의 단짝)이나 첫눈에 반하는 사랑을 믿는가? 인간이 동반자 관계와 연애 관계에 의존하는 것은 완전해지기 위해서일까?

인간은 태어날 때부터 여자나 남자일까?

　　이번 여름에 세상의 모든 남자들이 비키니 차림으로 수영을 한다고 상상해 보자. 아니면 모든 아랍 남자들이 갑자기 베일을 쓴다고 상상해 보자. 우리 사회에서는 무엇을 정상이라고 할까? 우리는 무슨 기준으로 '남성적'인 것과 '여성적'인 것을 구별할까? 생물학적인 차이, 신체적인 성별의 특징으로 구분할까? 아니면 행동의 차이로 구분할까? 길에서 남자인지 여자인지 분명하게 구분할 수 없는 사람을 만나면 당황스러울까?

　　20세기의 많은 여성 철학자들과 사회학자들은 사회에서 여성에게 부여하는 인습적인 역할을 비판했다. 특히 다음의 두 가지 인식은 성 정체성에 대한 사회적 관념을 변화시킨다. 첫째, 인간은 처음부터 여자나 남자로 세상에 태어나는 것이 아니라 사회에서 여성적이거나 남성적인 역할 이미지를 부여받는다. 둘째, 이성애만 정상적인 성생활의 형태라고 볼 수는 없다. 다른 여러 형태 가운데 하나일 뿐이다.

　　인간이 여자나 남자로 태어나지 않는다는 말은 무슨 뜻일까? 여자와 남자 사이에는 어떤 생물학적 차이도 없다는 말일까? 먼저 분명히 알아야 할 점이 한 가지 있다. 누군가 여성적이거나 남성적이라고 말할 때 그 의미가 항상 같지는 않다는 사실이다. 여성적이거나 남성적이라는 말은 생물학적 성별을 의미할 수도 있지만 반드시 그런 것만도 아니기 때문이다. 사회에서 '여자인 것'과 '여성적인 것', '남자인 것'과 '남성적인 것'은 분명 다르다. 남자인 것은 생물학적인 특징들과 결합되어 있다. 반면 남성적인 것은 여자에게도 해당될 수 있는 특징이다. 가령 목소리가 깊은 저음인 여자에게는 목소리가 남성적이라고 말할 수 있을 것이다. 마찬가지로 특정한 액세서리를 즐겨 착용하고 작은 핸드백을 들고 다니거나 우아하게 걷는 남자들은 여성적이라고 묘사될 수 있다. 따라서 남성적이라거나 여성적이라는 말은 생물학적 성별과 관련될 수도 있고, 특정한 외모나 행동을 나타낼 수도 있다. 성 연구에서는 이 두 영역을 나누기 위해서 한 인간의 성을 생물학적 성과 사회적 성으로 구분한다. 사회적 성은 성과 결합된 사회적 특징들을 나타낸다.

성은 타고나는 것이 아니라 행동하는 것이다

생물학적 성은 성염색체(XX나 XY)에 의해 결정되며, 1차 성징과 2차 성징을 통해 신체적 특징으로 드러난다. 여기까지는 아주 단순하다. 물론 이런 단순한 원리조차 모든 인간에게 똑같이 적용되지는 않는다. 왜냐하면 남자와 여자의 성징을 모두 갖고 태어나는 사람들도 있고, 원래의 성호르몬에 전형적인 2차 성징이 나타나지 않는 사람들도 있기 때문이다.

전통적으로 우리는 생물학적 성의 특성 때문에 사회적 성 역할을 부여받았다고 생각해 왔다. 예를 들면 여자들은 특정한 성정과 행동 방식을 타고나기 때문에 배려심이 많고, 아이들도 잘 보살필 거라고 전제된다. 아이를 낳는 건 결국 여자들이라고 하면서 말이다. 반면 남자들은 선천적으로 여자보다 힘이 세고, 그러한 사실을 스포츠에서 증명하길 좋아한다. 이처럼 생물학적 성은 인간의 능력과 행동 방식에도 영향을 미친다.

미국의 철학자 주디스 버틀러는 여자와 남자를 구분하는 것은 생물학적 특징이 아니라고 주장한다. 서로 다른 유전자와 생물학적 성징들이 존재하는 건 사실이지만, 그것이 사회적 정체성에 영향을 주지는 않는다. 눈동자 색깔이 초록색인 사람도 있고 갈색인 사람도 있지만, 그 사람이 어떤 성질을 갖고 있고 어떤 행동을 하는가는 그와는 아무 상관이 없다. 주디스 버틀러가 볼 때는 성 정체성도 그와 비슷하다. 우리의 성은 존재의 문제가 아니라 행동의 문제다. 생물학적 성이 아니라 성적 태도, 즉 우리가 어떤 행동을 하는가가 결정적인 차이를 낳는다. 사회적 성 정체성은 우리의 구체적인 행동에 의해 결정된다. 즉 어떤 옷을 입고, 어떻게 움직이고, 어떤 취미 활동을 하는가에 의해서 결정된다.

전형적인 남자, 전형적인 여자?

여성적 특징과 남성적 특징의 목록을 만들어 보자.

당신은 남성적인가, 여성적인가?

그런 감정은 마음속에서 우러나왔을까, 남들로부터 자주 들어서 생겼을까?

"성은 일종의 모방이며…… 자신을
성별화한다는 건 그 누구도 완전히 자기
것으로 하지 못하는 이상을 모방하는
것이다."
–주디스 버틀러

　　따라서 현대의 성 연구에 따르면, 생물학적 성과 사회적 성 사이에는
하나의 성을 가진 모든 인간에게 통용되는 유전적 공통점이란 없다.
우리가 이해하는 성 역할은 사회적으로 형성되었고, 성 역할과 연결해서
이해하는 다른 것들도 영원히 고정된 게 아니다. 사회적 성과 사회적
역할은 얼마든지 바뀔 수 있다.
　　이러한 주장은 생물학적 특징과 사회적 태도가 구체적으로
일치한다고 말하는 진화 심리학과는 모순된다. 많은 진화 심리학자와
진화 생물학자들은 유전자와 호르몬이 우리의 성격 형성에 결정적으로
작용하며, 우리가 남성적으로 행동할지 여성적으로 행동할지를 결정하는
것도 유전자와 호르몬이라고 주장한다.

정상은 얼마나
정상적일까?

　　모든 남자들이 비키니 차림으로 수영을 한다면 우리가 갖고 있는
남성성에 대한 생각도 달라질 것이다. 지금까지는 여자들만 비키니를
입는 것이 정상으로 여겨졌으니 말이다. 한 사회 안에서 어떤 것을
남성적이라고 하거나 여성적이라고 여기는 사회적 통념과 관습은 변할
수 있다. 예를 들어 18세기 유럽에서는 남자들이 스타킹을 신는 게
정상이었다. 그러나 오늘날 스타킹을 신는 건 여성적인 행동의 표시이다.
우리가 특정한 행동을 정상으로 보거나 전형적으로 남성적인 것, 또는
전형적으로 여성적인 것으로 생각하는 건 왜일까? 그 이유는 일종의 적응
과정을 거쳤기 때문인데, 이것은 정상화라고도 불린다. 모든 인간은 다른
사람들이 어떻게 행동하고, 어떤 행동이 정상으로 여겨지는가에 대한
표상을 갖고 있다. 마찬가지로 남성성과 여성성에 대해서도 머릿속에
구체적인 이미지가 있다. 그러한 표상은 성 역할을 통해 얻은 경험을
토대로 형성되는데, 보통은 부모와 형제자매의 행동과 태도를 보면서
배우게 된다. 그러나 사회적 기대와 성에 대한 이상적 관념 역시 중요한
역할을 한다. 성에 대한 이상적 관념은 행동 규범들, 즉 하나의 성을 가진

여성에게
투표권을!

인간이 남자나 여자로서 일반적으로 따라야 할 행동 규칙들과 결합되어 있다. 정해진 역할의 이상적 관념과 행동 규칙들을 반복적으로 체험하다 보면, 언제부터인가 자연스럽게 여기게 된다. 하나의 행동 규칙을 정상으로 인정하는 사람이 많아질수록 그 규칙은 사회에서 점점 더 당연한 것으로 여겨지고, 모두가 그 규칙을 지킬 거라는 기대도 점점 더 커진다. 미디어에서는 그러한 규칙들을 정형화된 이미지로 압축해서 보여준다. 각각 완벽한 남자, 완벽한 여자의 모습으로 말이다. 그런 식으로 남자들은 선천적으로 공격적이고 지배적이고, 여자들은 보통 원만하고 다감하다는 인식이 굳어지게 된다. 자동적으로 생물학적 성과 사회적 성을 결합시키는 것이다. 실제로는 항상 그런 것이 아닌데도 말이다.

정상적인 것이란 우리에게 익숙해진 것이다

이런 종류의 정상화는 불가피하고, 반드시 필요한 일이기도 하다. 다른 사람들은 어떻게 행동하는지, 그들에게서 무엇을 기대할 수 있는지를 헤아릴 수 있으려면 행동 규칙들이 필요하다. 우리는 일상생활에서 그런 규칙들에 의존하고, 그렇기에 가령 남성적인 것이나 여성적인 것이 무슨 뜻인지를 대화할 때마다 새롭게 정의할 필요가 없다. 성별에 따른 특징들의 정상화는 그 자체로는 전혀 비난할 일이 아니고 근본적으로 잘못되지도 않았다. 다만 전혀 존재하지 않는 어떤 것을 본보기로 삼게 만드는 경우가 종종 있는데 이는 우리의 행동이나 다른 사람들의 행동이 사회에서 말하는 정상 상태와 항상 일치하는 건 아니기 때문이다. 유행의 예에서 알 수 있듯이 성별에 따른 역할은 자연적으로 주어진 것이 아니라 사회적으로 규정되었다. 완벽하게 여성적이거나 남성적인 태도란 존재할 수 없다. 그 사이에 있는 매우 다양한 태도가 관찰될 뿐이다. 배려심이 깊고 아이들을 잘 보살피는 아버지와 축구나 격투기를 하는 여자아이가 있는 것처럼 말이다.

성에 대한 사회적 관점이 자연적인 사실로 받아들여지고, 더 이상 그 이면을 캐묻지 않을 때, 정상화는 문제를 불러일으킨다. 사회적 태도에는 생물학적 이유뿐만 아니라 사회적 이유들도 있다. 예를 들어 생물학적 성이 항상 한 사람의 사회에서 차지하는 역할과 직업을 결정하는 건 아니다. 사회의 지도적인 위치에 여자들보다 남자들이 많은 사실은 사회적인 이유 때문인 경우가 더 많다. 또, 정상성이 자연적이고 불변하는 것으로 받아들여진다면, 기준에서 약간 벗어나는 것도 원래는 정상이라는 사실을 쉽게 간과하게 된다. 이러한 편차는 다른 어느 곳보다 우리 몸에서 뚜렷하게 드러나는데도 말이다.

한 사람의 성은 우리가 일상에서 알고 있는 것보다 더 다채롭고 복잡하다. 성 연구자들은 바로 그 점을 주목하라고 말한다. 성을 여성성과 남성성으로만 구분하는 양성성도 자연적인 것과는 거리가 먼 단순화된 구조다. 성 정체성은 여성적이거나 남성적인 것보다 더 다양하게 나타나기 때문이다. 예를 들면 트랜스젠더와 같은 '혼합된' 성 정체성이 존재하는데, 이는 생물학적 성과 사회적 성이 일치하지 않는 경우이다. 또한 생물학적으로 남성인지 여성인지 명확하게 규정할 수 없는 '간성'도 존재한다. 인도와 스웨덴 같은 나라에서는 트랜스젠더와 간성이 제3의 성으로 공식적으로 인정되고 있다. 이렇게 제3의 성도 사회적 정상화의 과정을 밟고 있다.

성 연구는 경직된 사고의 틀을 부수고자 한다. 사회적으로 확립된 성별의 차이가 결코 자연적이고, 정상적이고, 불변하는 것이 아니라는 사실을 인식한다면, 우리 행동도 더욱 자유로워질 것이다. 기존의 성 역할을 그대로 따라 할 수도 깨부술 수도 있으며, 사회적 성을 자신이 생각하는 대로 실현할 수도 있다. 남성적인 것과 여성적인 것을 구분하는 일 또한 명확한 것이 아니라면, 성을 지닌 인간의 생활도 사회적으로 정상이라 여겨지는 것보다 훨씬 다양해질 것이다.

다른 성을 가진 사람처럼 행동해 보자

한 시간 정도(용기가 있다면 하루도 좋다) 지금의 나와는 다른 성인 것처럼 행동해 보자. 그전에 이성의 평소 행동을 유심히 관찰해 보는 것도 좋을 것이다. 두 다리를 벌린 채 팔을 옆자리의 팔걸이에 걸치고 앉아 있지는 않는지. 누군가와 이야기를 나눌 때 고개를 자주 갸웃거리지는 않는지. 소리를 내거나, 가만히 있거나, 다른 사람의 말에 끼어들지는 않는지. 행동을 다르게 하면 느끼는 것도 달라질까?

사회

8
여덟 번째 생각 실험

만일 두 사람이 직장에서 똑같은 일을 하는데 그 중 한 사람이 나이가 더 많다는 이유로 돈을 더 많이 받는다면, 이것은 공정할까 불공정할까? 권력도 책임도 더 많은 사람이 돈도 더 많이 받는 건 어떨까? 모든 사람이 돈을 똑같이 버는 사회가 가능할까?

사회란 무엇일까?

우리는 사회를 완전한 형태로 보지 못하고 완전하게 설명하지도 못한다. 그래도 사회에 대해 기술하고 사회를 이해하려고 노력할 수는 있다. 하지만 사회가 어디로 발전해 나갈지는 아무도 모른다. 한 가지 확실한 건, 사회는 끊임없이 변한다는 사실이다. 예를 들면 수명이 길어져 많은 사람들이 점점 더 오래 살게 된 것이다. 예전에는 치명적이었던 질병들을 지금은 치료할 수 있게 되었다. 백 년 전에는 지금보다 훨씬 많은 사람들이 시골에서 살고 시골에서 일했다. 여자들은 20세기가 되어서야 투표권을 가지게 되었다. 불과 20년 전만 해도 스마트폰과 소셜네트워크는 없었다. 그러나 오늘날에는 기본적인 생활수준에 포함된다. 21세기에 이른 지금, 우리는 각종 정보들을 몇 초 만에 세계 각지로 전송한다. 이제는 서로 다른 장소에 있으면서도 가상공간에서 만나 함께 일을 도모하게 될 날도 머지않았을 것이다. 한 사회의 지식과 소통 습관은 근본적으로 그 사회가 이룩한 기술과 과학, 정치, 경제 발전에 좌우된다. 예를 들어 모바일 소통은 완성된 기술력을 갖춘 모바일 기기가 전 세계로 널리 퍼지고 나서야 비로소 사회적인 집단 현상이 될 수 있었다.

세계화는 이러한 확산의 중요한 동력이다. 인도 출신의 사회학자

아르준 아파두라이에 따르면, 세계화 과정은 특정한 문화적, 정치적, 종교적 정체성에 고정된 것이 아니라 모든 사회와 문화를 포괄한다. 세계화는 모든 사회를 다섯 가지 관점으로 설명한다. 바로 자본, 기술, 정치 학문적 이념, 미디어, 사람의 이동성이다. 학문적 이념 중 하나를 예로 들자면, 옛날 사람들은 지구가 납작하고 평평한 원반 모양이라고 믿었다. 그러다가 과학과 기술, 정치가 발전하고 새로운 인식이 점차 싹트면서 지구가 둥글다는 것을 계산할 수 있게 되었다. 그리고 20세기에 들어와서는 지구가 구의 형태라는 사실을 보여 주는 우주 사진을 찍는 것이 가능해졌다. 심지어 오늘날의 일부 과학자들과 공학자들은 인류가 화성으로 이주하는 일도 가능할 것으로 보고 있다. 우리 세기에 실현될 계획일지 더 먼 미래의 전망이 될지는 무엇보다 우리의 정치와 경제, 기술, 과학의 발전에 달려 있다.

모든 인간은 다양한 공동체의 구성원이다. 삶에서 만나는 첫 번째 공동체는 대부분 가족이다. 그러나 가족은 우리가 살아가는 사회의 작은 구성 요소일 뿐이다. 가족 자체도 여러 사회적 관계망 속에 편입되어 있다. 사회적 관계망은 학급 공동체, 이웃 공동체, 학생 협회, 스포츠 클럽, 단골 술집, 신앙 공동체, 정치 공동체 등 다양하다. 여기에 인터넷의

사회를 변화시키는 기술

도로 위의 차들이 자동조종장치로 운행된다면?

어린이와 청소년이 운전면허증과 보호자 없이 그런 차를 타고 다녀도 괜찮을까?

사회가 없으면 어떻게 될까?

사회가 없는 삶을 상상하는 건 불가능하다. 무슨 말을 할지 벌써 짐작이 된다고? 맞다. 철학자들은 그런 불가능한 것도 생각해 보려고 시도했고, 사회가 없는 상태를 그려 보았다. 사회가 대체 무엇이고, 어떻게 작동하는지 이해하기 위해서였다. 그중에서도 가장 유명한 생각 실험은 영국 철학자 토마스 홉스가 구상한 것이다.

그는 인간이 원래 사회 속에서 살지 않았다면, 모든 인간이 서로 싸우는 만인의 만인에 대한 투쟁이 벌어졌을 거라고 본다. 이런 상태에서는 내가 가진 것을 언제든 빼앗길 수 있고, 목숨도 언제 잃을지 모른다. 가족과 친구한테 의지할 수도 없는데 모두가 자신의 이익만을 생각하기 때문이다. 토마스 홉스는 이와 같은 상태의 핵심을 다음과 같은 한 문장으로 표현했다. "인간은 인간에게 늑대다."

수많은 소셜네트워크도 더해진다. 모든 개인은 여러 공동체의 일부이고, 그런 모든 공동체는 개인의 정체성 확립에 기여한다. 사회학에서 다양한 형태의 공동체를 나타내는 일반적인 개념이 바로 사회다. 사회가 없으면 아무것도 되지 않는다. 우리 모두는 한 국가나 국가 공동체의 일부이다. 우리가 알고 있는 가장 큰 사회는 세계화된 세계 사회다. 세계 사회는 하나의 완결된 이론으로 설명할 수 있는 단일한 세계 문화가 아니다. 세계 사회의 사회적 현실은 다채롭고 다양하다.

사회가 형성되기 이전의 공동생활

영국 철학자 토마스 홉스는 인간의 자연 상태를 만인의 만인에 대한 투쟁으로 상상했다. 그는 우리 사회의 문명화된 상태를 당연하게 여기지 않는다. 사회는 이론적으로 언제든 혼란스러운 자연 상태로 돌아갈 수 있다. 따라서 모든 개인은 전체 사회와 계약을 맺어야 한다. 이 계약에

103

따르면 개인은 자신을 지킬 힘과 권리를 국가에게 넘겨준다. 대신 국가는 개인의 생존과 이익을 지켜 주고, 만인의 만인에 대한 투쟁을 중단시킨다. 사회계약은 개인의 안전, 사유재산, 다른 사람들과의 평화로운 공동생활을 가능하게 해 준다.

우리가 시민으로서 안전을 보장받는 대신 국가는 모든 권력을 독점한다. 이 말은 국가가 우리의 이름으로 우리의 권리와 법을 지키고, 필요한 경우에는 강제력을 동원해서라도 관철시킬 수 있다는 뜻이다. 자연 상태를 끝내기 위해서 국가의 통치는 절대적이고, 모든 수단이 허용된다. 이 계약을 통해 국가는 마음대로 통용되는 법을 결정할 수 있고, 국가 스스로는 그 법에 구속되지 않는다. 이러한 계약의 틀에서는 절대주의적 국가, 즉 군주제도 가능하다. 개인들은 국가권력이 평화 수호의 의무를 따르지 않을 때만 저항권을 가질 수 있다.

우리는 사회와 어떤 계약을 맺을까?

우리는 여러 근거에 기초해 사회계약을 맺을 수 있다. 여러분이 직접 사회와 계약을 맺는다고 상상해 보자. 무엇 때문일까? 강도를 당하거나 살해될까 두려워서? 그렇다면 다른 사람으로부터의 보호와 자신의 안전을 위해서 사회계약이 필요한 셈이다. 이런 경우 계약 파트너는 철학자 토마스 홉스다. 이 거래에서는 국가에게 완전히 복종할 때만 권리와 자유가 보장된다.

생명과 자유와 사유재산에 대한 권리란 당연한 것이라고 생각하는 사람도 있을 수 있다. 인간은 자연 상태에서도 상황이 그렇게 나쁘지 않을 거라고, 자유와 평등이 바로 인간의 자연 상태라고 믿는 것이다. 이런 경우 우리는 인간의 강한 유대감과 개인의 자유에 대한 믿음을 토대로 사회계약을 맺는다. 이때의 계약 파트너는 17세기 영국 철학자 존 로크인데, 그는 오늘날까지도 우리의 자유주의적 국가관에 영향을 주고 있다. 자유주의적 개인주의의 창시자로 불리는 로크는 개인이 결국은 국가보다 중요하다고 본다. 여기서도 혼란스러운 전쟁 상태의 위험은 존재하지만, 홉스의 주장과는 달리 국가권력에 완전히 복종할 필요는 없다. 정부가 사회 평화를 보장하는 것은 여전하지만 정부 역시 법을 지켜야 한다. 자유주의적 국가권력은 권력을 혼자 독점하지 않고, 무엇보다 공익을 지키고 관리하는 데 쓰인다.

18세기 프랑스 철학자 장 자크 루소는 계약 상황을 존 로크와는 다르게 평가한다. 루소는 사회의 문화적 진보에 대해서 비관적이었다. 루소가 볼 때 그때까지의 사회계약은 부자들이 사회에서 자기들의 특권적 위치와 재산을 지키는 권력 수단이었기 때문이다. 그러나 루소는 인간은 본질적으로 선하고 자유롭다고 확신했고 사회계약에 이러한 인간의 본질이 반영되어야 한다고 생각했다. 따라서 루소는 모든 개인이 스스로 결정하고 모든 개인의 목소리가 존중되는 사회계약을 제안했다.

이 계약에서는 왕이나 국민에 의해서 대표로 선출된 사람들이 아니라 개인이 모두 직접 중요한 정치적 사안을 결정한다.

루소의 이상적인 정치 공동체는 오늘날 한 사회의 중요한 법과 결정 들을 모든 시민의 직접선거를 통해 결정하는 직접민주주의와 비슷하다. 이와 같은 민주적 통치 형태를 보여 주는 곳이 바로 스위스다. 스위스에서는 국민이 선거를 통해서 중요한 정치 사안들에 대한 결정을 직접 내릴 수 있다. 루소에 따르면 직접선거를 통해서 이루어진 모든 개인의 결합은 국민 전체의 보편적 의지를 이끌어 낸다. 이러한 보편의지만이 사회의 정치 체계와 법의 토대가 될 수 있다. 루소가 무엇을 중시하는지는 명확하다. 개인보다 공동체가 중요하다는 것이다. 공동의 의지와 공동의 안녕을 해치는 사람은 필요한 경우 국가에 의해서 자유를 제한받고 교육을 받아야 한다. 이 특별한 형태의 사회계약을 실현하기 위해서는 인구가 너무 많지 않아야 하고, 공동체의 결속력이 강해야 한다. 루소의 주장은 다음과 같은 문장으로도 표현된다. 개인은 전체를 위해, 전체는 개인을 위해!

"억압받는 사람들의 전통은 우리가 살고 있는 예외 상태가 곧 법칙임을 가르쳐 준다."
─발터 벤야민

인간은 선할까 악할까?

인간이 선한 존재인지 악한 존재인지 스스로에게 질문해 보자. 답은 무엇일까? 흥미롭게도 이 물음은 사회의 역할과 관련되어 있다. 즉 인간을 어떻게 판단하느냐에 따라서 사회에 대한 평가도 달라진다. 어떤 사람에게는 인간은 원래부터 이기적인 존재이다. 그래서 질서와 평화를 지키기 위해서는 사회가 필요하다. 반면 어떤 사람이 볼 때 인간은 협력하고 함께 행동하는 것이 본성인데, 사회가 인간에게 나쁜 영향을 주고 있다. 인간은 정말로 선하거나 악할까? 또 자신의 이익을 추구해야 하기 때문에 공통의 관심사 아래 함께 행동하는 일이 불가능할까?

인간은 자연적으로 선하다! 장 자크 루소는 이런 이념으로 동시대인들을 도발했다. 그는 인간은 원래 자연 상태에서 행복하고 자유로운데 사회에 의해서 악해지고 억압받게 되었다고 주장한다. 또 자연인은 혼자 사는 동안 악해질 이유가 전혀 없다고 말한다. 루소가 볼 때 인간은 외부의 영향과 주변 상황으로 인해 악해진다. 따라서 악은 다른 사람과의 공동생활 속에서 비로소 발생한다는 것이다. 이 얼마나 급진적인 사회 비판인가! 그러나 그럼에도 불구하고 개인은 정치 공동체에 의존해야만 생존할 수 있다. 루소는 심지어 그 정치 공동체가 자유로운 개인보다 중요하다고 믿는다.

인간은 본래부터 이기적이고 탐욕적이다! 토마스 홉스에 따르면 인간은 본래 다른 사람을 희생시켜 자신의 명성과 위신, 자기 보존을 추구한다. 자연 상태는 전쟁 상태이기 때문에 인간이 평화롭게 살기 위해서는 사회계약이 필요하다.

독일 철학자 아르투어 쇼펜하우어도 이기주의를 인간의 주요 동기로 본다. 그는 인간이 자신의 본능과 충동, 욕망의 희생자라고 믿는다. 쇼펜하우어는 사회에서의 공동생활을 서로 부대끼며 서로에게 상처를 주는 호저강하고 뻣뻣한 가시가

"한 시대의 지배적인 이념은 항상 지배계급의 이념일 뿐이었다."
–카를 마르크스

몸통과 꼬리에 난 동물, 꼬리로 공격해 자신을

방어한다와 비교한다. 그럼에도 그는 인간의 동정심에서 희망을 본다. 타인의 고통에 대한 연민 때문에 인간은 선한 일을 한다는 것이다.

인간은 본래 선하며, 정의는 자연권이다! 영국 계몽주의 철학자 존 로크는 인간을 훨씬 낙관적으로 본다. 그에 따르면 인간은 동일한 전제 조건을 갖고 태어난다. 모든 인간은 이성적 능력이 있고, 따라서 사회도 만인의 만인에 대한 투쟁 상태가 아니다. 인간은 서로 협력하고, 본능적으로 자연권을 따른다. 자연권에는 정의와 개인의 자유도 포함된다. 사회계약은 그 권리를 보호하기 위한 것이다. 오늘날 인권과 사회적 가치들에 대한 이념은 존 로크의 사상에 토대를 두고 있다.

흑과 백

우리가 아는 사람들 가운데

선하기만 하거나 악하기만 한 사람이 있을까?

내가 살고 싶은 사회는 어떤 모습일까?

어느 가정에서나 크고 작은 여러 집안일을 가족 구성원이 서로
나누어서 한다. 대부분의 아이들은 부엌이나 정원 일 중에 한 부분을
맡거나 자기 방을 청소한다. 그런데 그런 집안일을 나누는 기준은
무엇일까? 이 문제는 각 가정이 스스로 해결해야 하는데, 가정 역시
정해진 규칙에 따라 살아야 하는 하나의 공동체에 속하기 때문이다.
대부분의 사람들은 아마 자기 방을 직접 청소하는 건 당연하다고 생각할
것이다. 하지만 얼마나 자주, 얼마나 깨끗하게 치워야 하는가에 대해서는
의견이 다를 수 있다. 청소기를 돌리는 일, 요리 그리고 빨래는 누가
할까? 쓰레기는 누가 내다 버릴까? 형제자매가 있다면 이런 일들을 일부
나누어 할 수도 있을 것이다. 형이나 오빠, 누나나 언니, 동생이 있는
사람도 있을 테니 말이다. 그런데 다들 자기가 하고 싶은 일을 맡아야

109

누구나 자기가 가장 잘할 수 있는 일을 해야 한다! 그렇게만 된다면 모두가 만족하는 완벽한 사회가 될 것이다. 그리스 철학자 플라톤은 2500년 전 이상 국가의 이념을 구상했다. 모든 시민이 자기가 본래부터 가장 잘할 수 있는 일만 한다면 물론 공정할 것이다. 다만 그 일이 무엇인지 어떻게 안단 말인가?

플라톤의 이상 국가에는 세 계급이 존재한다. 가장 많은 사람이 속하는 최하층 계급에는 농민, 수공업자, 상인, 은행가 등이 있다. 그다음에는 국가 전체를 감시하고 지키는 수호 계급이 있다. 가장 위에 있는 통치 계급에는 철학자들이 있고, 그들은 지혜와 경험을 토대로 모두의 행복을 위한 최선의 결정을 내린다. 이상 국가의 정의는 사회에서 필요한 일과 기능을 모든 시민에게 완전하게 분배하는 데 있다. 각자 자기 일을 하도록 하는 것이다.

국가의 구성은 모든 시민이 자신의 자연적인 소질에 가장 적합한 일을 한다는 원칙에 기초한다. 누군가 하는 일은 그의 관심사와도 일치한다. 이상 국가와 각 개인의 능력은 공동체 전체의 행복에 기여하는 통일체를 이룬다.

그러나 플라톤이 구상한 이상적인 철인 국가는 결코 존재한 적이 없었다. 반면에 신분사회와 계급사회는 존재했다. 그런 사회는 아주 오랫동안 지속되었고 오늘날 유럽 여러 나라의 근간을 형성했다.

할까? 아니면 각자 잘할 수 있는 일을 해야 할까? 누구나 똑같이 일해야 할까?

각 가정처럼 사회도 구성원들의 공동생활을 위해서는 일정한 규칙이 필요하다. 그러나 그런 규칙들이 어떤 형태여야 하는가에 대해서는 논의가 이루어져야 한다. 하지만 사회를 구성하는 사람들의 이해관계와 그들이 좋아하는 일이 모두 천차만별이기 때문에 갈등을 피할 수 없다. 우리 모두는 서로 다른 개인들이다. 누구나 강점과 약점이 있고, 어느 누구도 다른 누구와 같지 않다. 한편으로는 모두가 법 앞에 평등하고 동등하게 대우받기를 원한다. 대부분의 사람들은 돈이 많든 적든 상관없이 누구에게나 공정한 사회에서 살기를 원할 것이다.

110

공정한 사회는 어떻게 만들어질까?

모든 사람이 동등하게 대우받는 사회를 원한다면, 어떻게 평등과 공정을 이룰 수 있을까 하는 질문에 부딪힌다. 동등한 소유나 동등한 권리? 모든 사람이 동등한 기회를 얻는 것이 마땅할까? 미국 철학자 존 롤스는 공정한 사회에 대한 유명한 생각 실험을 구상했다. 자신이 한 정치 그룹의 구성원이고, 자신이 속한 사회의 규칙과 법에 대해 표결할 수 있는 입장이라고 가정해 보자. 새로운 법을 만들고 사회를 근본적으로 바꾸는 일도 가능하다. 다만 자신이 나중에 사회에서 어떤 자리를 얻게 될지는 모른다. 심지어는 성별이나 나이, 신체적인 능력과 재산 정도, 출신, 지능이나 실력도 전혀 모른다. 존 롤스는 이것을 무지의 베일이라고 부른다. 이론적으로는 누구든 사회의 최하층에 이를 수 있기 때문이다. 바로 그 때문에 무지의 베일 상태에서는 공정하고 공평한 결정을 내리게 되고, 부와 복지가 균등하게 분배될 거라고 보는 것이다.

우리가 사회에서 어떤 위치에 오르게 될지 모른다면, 우리는 공정한 조건들을 지지하게 될까? 아니면 적어도 자신만은 더 나은 자리에 오르게 되길 바랄까? 만일 두 사람이 직장에서 똑같은 일을 하는데 그중 한 사람이 나이가 더 많다는 이유로 돈을 더 많이 받는다면, 이것은 공정할까 불공정할까? 권력도 책임도 더 많은 사람이 돈도 더 많이 받는 건 어떨까? 모든 사람이 돈을 똑같이 버는 사회는 가능할까?

공정해? 불공정해?

개인적인 이해관계와는 전혀 상관없이 투표하는 일이 가능할까?

인종주의자들은 유색인들이 나쁜 대우를 받는 것이 공정하다고 생각할까?

투표 의무를 이행하지 않았을 때는 처벌을 받도록 해야 할까?

위험하다는 이유로 유전자 기술 개발을 금지하는 건 공정한 일일까? 기술이 개발되면 전 세계적으로 빈곤 문제가 줄어들 수 있는데도?

인간에 의해서 야기되지 않았다면 자연 재앙도 불공정한 일일까?

사회

공동체와 나, 무엇이 더 중요할까?

동생 둘이서 초콜릿 체리 케이크를 만들었다고 상상해 보자. 아주 큰 케이크이고, 부엌은 완전히 난장판이 됐다. 사방이 더럽혀져 있고, 싱크대에는 씻지 않은 그릇들이 잔뜩 쌓여 있다. 집으로 돌아온 당신은 맛있는 케이크를 먹게 되어 무척 기뻐한다. 그런데 당신의 집에서는 누구든 부엌을 사용하면 깨끗이 치워야 한다는 규칙이 있다. 동생들은 설거지를 당신에게 대신 해 달라고 부탁한다. 어떻게 반응할까? 함께 만들지도 않았는데 맛있는 케이크를 먹게 해 주었으니까 그 보상으로 설거지를 하는 게 당연하다고 생각할 수 있을 것이다. 아니면 동생들이 부엌을 더럽혔으니까 설거지도 동생들이 해야 한다고 생각할 수도 있다. 동생들은 케이크를 만드는 즐거움도 자기들끼리만 누렸으니 말이다.

어떤 결정을 내릴지는 동생들과 유대감이 얼마나 깊은가에 달려 있다. 공동체보다 자신의 이익을 먼저 생각할지, 아니면 이 공동체를 더 중요하게 생각할지에 따라 달라지는 것이다. 사회학에서는 공동체와 사회를 구분한다. 공동체는 집단의 결속을 추구하는 강한 일체감을 갖고 있다. 전통적인 공동체에서는 개인이 공동체에 종속된다. 공동체 구성원들 스스로가 자신을 더 큰 전체의 부분으로 느끼기 때문이다. 그러나 사회에서는 사람들 사이의 관계가 공동체에 비해 상대적으로

113

구속력이 약하다. 전체 인원수만 보더라도 모두를 개인적으로 알기는 어렵다. 사회는 수많은 공동체를 포함한다. 우리가 사는 현대사회는 개인이 무엇보다 중요하다. 그래서 어떤 문화 공동체에서 살든 상관없이 현대사회에서는 개인의 권리와 자유 수호를 매우 중요하게 여긴다. 또한 현대사회는 근본적으로 다양한 정체성을 지닌 수많은 사람들이 살고 있다.

모두 함께? 각자도생?

독일 철학자 위르겐 하버마스에 따르면, 한 사회의 가장 중요한 토대는 인간의 상호 관계이다. 따라서 각 개인들의 개별성이 아니라 두 사람 사이에서 이루어지는 상호주관성이 중요하다. 현대사회에는 두 가지 서로 다른 행동 방식이 존재한다. 하나는 다른 사람들을 자신의 이익을 실현하기 위한 수단으로 보는 행동 방식이다. 타인을 자기 목적의 도구로 삼는 것으로, 철학에서는 이를 도구적 이성이라고 부른다. 도구적 이성은 돈과 권력, 관심, 지위를 중시한다. 다른 하나는 언어와 의사소통, 타협을 통한 행동 방식으로, 의사소통적 이성이라 불린다. 의사소통적 이성의 역할은 공동의 목표에 대해 타협하고, 각자의 이해관계와 가치에 대해 토론하는 것이다. 이러한 상호주관적 토론을 통해서 최대한의 합의가 도출된다.

위르겐 하버마스는 한 사회에서 최대한의 합의에 도달하기 위해서는 항상 더 나은 의견이 관철되는 자유로운 대화가 필요하다고 주장한다. 이 대화에는 사장이든 직원이든 지위와 상관없이 누구나 참여할 수 있어야

114

한다. 중요한 것은 각각의 의견이 얼마나 합리적이고 타당한가이다. 또 모든 의견에 대해서는 그 근거를 캐물을 수 있어야 한다. 따라서 어떤 말을 해도 괜찮을지 의식적으로 자기 검열을 한다는 것은, 보이지 않는 권력과 통제가 있다는 표시이다.

　　모든 사회는 평등과 정의를 추구하지만, 동시에 개인의 다양성과 자유도 추구한다. 여기서 말하는 평등은 어떤 차이도 없다는 의미는 아니다. 인간의 이해관계와 욕구, 능력은 천차만별이기 때문이다. 사회는 기계가 아니고, 개인도 단순히 법으로, 버튼 하나로, 또는 순전한 의무감에서 움직이는 자동인형이 아니다. 사람들에게 돈을 많이 벌어라 또는 적게 벌어라, 재산을 더 소유해라 또는 적게 소유하라고 강요할 수 있을까? 가난에 시달리는

> **"철학자들은 세계를 서로 다르게 해석해 왔을 뿐이다. 그러나 중요한 문제는 세계를 변화시키는 것이다."**
> —카를 마르크스

다른 나라 사람들에게 일정한 금액을 기부하라고 법으로 규정할 수 있을까? 어떻게 하면 더 많은 사람들이 투표에 참여하게 할 수 있을까? 또 이런 문제에서 사회적 평등이 중요할까, 개인의 자유가 중요할까?

　　이상과 가치를 현실에도 적용할 수 있으려면, 사람은 모두의 이해관계를 고려해 결정하고 행동해야만 한다. 평등과 정의의 이상은 한 사회가 그 구성원들에 대한 사회적 책임을 얼마나 감당할 수 있고, 감당하려는 의지가 얼마나 강한가에 의해서도 좌우된다. 전통적인 공동체에서는 다른 사람에 대한 사회적 책임을 당연한 일로 받아들였다. 그러나 현대사회는 새로운 가치들로 새로운 공동체 구조가 만들어지고,

과거의 공동체 구조가 무너지는
현실과 직면해야 한다.
사회적 책임과 평등은 개인의
이해관계와도 결부되어 있다.
그 점을 고려하지 않고는 국민
개개인끼리 비롯되어야 할
합의나 집단 의지를 도출하기는
어렵다. 한 사회의 이상적
평등이 구체적으로 어떤
형태여야 하는지는 각 사회가
언제나 새롭게 소통하고, 논쟁하고, 합의해야 한다.

내 노동의 가치는 얼마일까?

소셜네트워크와 디지털 미디어는 사회가 작동하는 원리와 인간의 행동을 밖으로 드러내 준다. 하지만 사회도 변화시킬 수 있을까? 공유 경제와 나눔의 경제에서 새로운 사회적 공존이 생겨날 수 있을까? 단지 새로운 사업 모델일 뿐일까, 아니면 인터넷에서 누구나 자유롭게 사용할 수 있는 오픈소스 운동을 통해 새로운 나눔의 문화가 발전할 수 있을까?

독일 철학자 카를 마르크스는 인류 사회의 역사를 계급투쟁의 역사로 본다. 지배계급은 항상 생산수단을 독점함으로써 노동계급을 지배한다. 각 사회 계급은 소유를 통해서 구분된다. 마르크스에 따르면 서로 다른 사회경제적 계급을 만드는 건 사유재산이다. 사유재산이 많은 사람들은 그들이 가진 자본의 일부를 경제 기업들에 투자할 수 있고, 그런 식으로 생산수단을 소유하게 된다. 생산수단이 불평등하게 분배되면 인간은 노동으로부터 소외된다. 그 이유는 노동의 분업과 전문화가 개인적인 소질과 재능이 자유롭게 발전하는 것을 제한하기 때문이다. 개인은 생산의 전체 과정을 통찰하는 시선을 빼앗긴다. 마르크스는 생산 공장의 조립라인이나 계산대에서 몇 시간 동안 똑같은 일을 반복하는 사람들을 그 예로 든다. 금이나 다이아몬드, 희토류를 채굴하는 광산 노동자들도 이후에 진행되는 생산의 전체 과정에서 완전히 배제된다.

117

그런데 노동의 가치란 대체 무엇일까? 한 사람의 삶에서 직업은 어떤 의미일까? 마르크스에게 노동은 우리가 생각할 수 있는 모든 사회 형태에서 인간이 살아가는 데 필요한 것이다. 노동의 가치는 인간을 비로소 인간이 되게 해 주는 데 있다. 노동은 인간의 자기실현과 자율성을 돕는 생산적인 활동이다. 재단사나 그래픽디자이너, 제빵사는 생산물을 직접 만들어 낸다. 이들은 노동을 통해 자기를 실현할 수 있고, 생산물도 마음대로 처리할 수 있다. 이들이 생산하는 것은 결국 자신의 생산물이기 때문이다. 농부가 자기 땅과 생산수단을 갖고 있다면, 그는 생산물의 전체 생산 과정에 참여할 수 있다. 그러나 고용된 노동자의 상황은 다르다. 그의 노동의 산물은 노동자 자신이 아니라 기업주의 것이다. 이런 경우 노동자는 자신의 생산물과 자신을 동일시할 수가 없다. 그는 기업주에게 자신의 노동력을 팔 수밖에 없는 처지다. 그로 인해 노동은 인간의 삶에서 갖고 있던 본래의 의미를 잃게 된다. 시간당 임금에 판매되는 상품이 되는 것이다. 만약 어떤 사람이 자신의 노동력으로 휴대전화 생산에 필요한 원료를 채굴했다면, 나중에 시장에서 휴대전화로 벌어들이는 이익도 공유해야 하지 않을까?

> **"누구나 능력에 따라, 누구나 필요에 따라!"**
> –카를 마르크스

자본주의사회는 얼마나 공정한가?

자본주의경제에서는 노동의 가치를 제대로 인정받지 못한다. 판매된 제품으로 벌어들이는 잉여가치가 제품 생산에 참여한 사람들에게

118

돌아가지 않기 때문이다. 그로 인해 노동자는 자기 노동의 생산물뿐만 아니라 인간으로서의 자기 존재와 전체 사회로부터도 소외된다. 자본주의의 분업은 노동이 집단적이고 공동체적인 행위이자, 사회 구성원 모두가 사회복지와 잉여가치를 위해 노동한다는 사실을 감춘다. 자본주의사회에서는 노동자들이 창출하는 잉여가치가 지배계급의 자본을 더 늘리는 역할을 한다. 마르크스는 바로 이러한 상황을 노동자 착취라고 주장한다.

노동자 착취는 임금의 차이에도 반영된다. 거의 모든 사람이 자신들의 노동시간을 판다. 은행가, 조립라인이나 계산대에서 일하는 노동자, 교사, 양로원 간호사도 모두 마찬가지다. 은행가와 투자 상담사 들은 돈으로 투자하고, 그들의 고객과 투자자 들이 맡긴 돈으로 더 많은 돈을 벌어다 준다. 이 경우 잉여가치는 순전히 금전적인 것이다. 반면 교사나 미용사의 노동은 무엇보다 사회적, 미적 잉여가치를 가져온다. 그렇다고 해서 은행가는 일 년에 수백만 달러를 벌고, 미용사나 양로원 간호사는 아주 적은 돈을 받는 게 정당한 일일까? 분데스리가에서 뛰는 축구 선수가 실력이 더 좋은 다른 프로스포츠 선수보다 훨씬 더 많은 돈을 받는 게 정당한 일일까?

계급 없는 사회가 가능할까?

마르크스에 따르면 자본주의경제는 결코 우리의 공동생활을 보장하는 유일한 가능성이 아니다. 그는 계급의 구별이 없는 완전한 세계를 구상했다. 마르크스의 공산주의사회에서는 노동이 단순히

교환 사회에서 살기

목적을 위한 수단이 아니라 모든 인간에게 그들의 능력을 발휘할 수 있는 기회이다.

구체적인 노동은 항상 하나의 생산물을 완성하는 것을 목표로 삼는데, 그로써 생계를 보장하고 물질적인 기본욕구를 충족시키기 위해서이다. 노동은 모든 인간에게 그들의 능력을 발휘할 가능성을 준다. 노동은 돈으로 바꿀 수 있는 노동력, 상품, 노동시간 이상의 의미가 있다. 사람들은 각자 만든 생산물을 돈으로 환산하지 않고도 다른 사람의 생산물과 교환할 수 있다. 가령 재단사와 제빵사는 서로의 생산물을 교환함으로써 각자 필요한 물질적 기본욕구를 충족할 수 있다. 그러나 제빵사가 만든 빵을 의사의 진료 행위나 소방대원의 활동과 교환해야 하는 경우에는 문제가 발생한다. 이렇게 서로 완전히 다른 활동은 무엇을 기준으로 계산해야 할까? 변호사와 행사 기획자처럼 생산물을 직접 만들어 내지 않거나 인간의 물질적 기본욕구 충족과는 거리가 먼 일을 하는 사람들은 이런 교환 사회에 어떤 식으로 참여할 수 있을까?

마르크스는 기존의 노동 분업을 철폐하고 사유재산을 폐지한다면 이 문제가 해결 가능하다고 봤다. 현대의 이상적인 교환 사회는 일대일 교환이 아닌, 더 개방적으로 이루어질 수도 있다. 누구나 자기한테 필요한 것은 가져가고 자기가 할 수 있는 부분을 제공하는 방식의 교환은 일종의 본보기가 될 수 있을 것이다.

이런 것이 있는지 곰곰이 생각해 보자

가지고 있는 것 가운데 남에게 절대 빌려주지 않는 것.

소유하고 싶지는 않아서 빌리는 것.

나를 표현하는 중요한 상징이라서 반드시 갖고 싶은 것.

남들과 공유해야만 가질 수 있는 것.

모두가 공유하는 편이 더 나아서 그 누구도 개인적으로 소유해서는 안 되는 것.

사회 구성원 모두가 자유롭게 이용할 수 있어야 하는 것.

미디어

9

아홉 번째 생각 실험

어떤 사람들은 남들보다 항상 더 많은 관심을 받는다. 사회집단들이 활력을 유지하는 일종의 법칙처럼 말이다. 그런데 누가, 무슨 일로, 얼마나 많은 관심을 받는 걸까?

스마트폰 속에는 얼마나 많은 정신이 숨어 있을까?

스마트폰을 잃어버렸거나 망가뜨렸을 때의 심정이 어떤지는 누구나 알고 있다. 우리는 순간 모든 연락처와 사진, 저장된 정보와 온갖 개인적인 소식이 한순간에 날아가 버렸다는 것을 깨닫게 된다. 어쩐지 자신의 일부를 상실한 것 같은 기분이 들 것이다. 물론 클라우드를 이용하는 사람이라면 집에서 자신의 데이터와 디지털 기록 정도는 복구할 수 있을 것이다.

우리는 왜 스마트폰을 우리 정신에 포함시키지 않을까? 우리 정신을 스마트폰에 심어서 뇌와 기억을 연결해 놓으면 좋지 않을까? 오스트레일리아 철학자 데이비드 차머스는 이러한 질문을 던져 인간의 정신 이론에 대해 새롭게 성찰해 보게 했다. 그의 이론은 인간 의식의 한계를 확장시킨다. 나의 내부 하드디스크인 뇌에서 불러내는 지식과 외부 하드디스크인 컴퓨터에서 불러내는 지식에는 무슨 차이가 있을까?

내 주변은 나의 일부다!

"인간은 이제 자신의 뇌를 머리 밖에, 신경은 피부 밖에 지니고

123

다닌다." 20세기의 가장 영향력 있고 유명한 미디어 이론가 마셜 매클루언은 스마트폰과 인터넷이 발명되기도 전에 이미 그렇게 말했다. 미디어와 과학기술이 인간을 확장시킨다는 주장이다. 현미경과 안경은 인간의 지각을 바꾸고 극대화한다. 시계는 인간의 시간 감각에 영향을 준다. 인간은 일상생활에서 각종 첨단 기술 기기들과 미디어와 한 몸이 되었다. 자전거를 탈 때를 예로 들어 보자. 마치 자전거 바퀴가 우리 몸의 일부인 것처럼 행동한다. 어떤 장애물 앞에서 자전거를 멈출 때는 자동적으로 예측을 해서 앞바퀴가 장애물 앞에 멈춰 서도록 한다.

인간이 단순히 머리로만 생각하지 않는다는 사실은 비교적 쉽게 알 수 있다. 예를 들어 아이들은 셈을 할 때 처음에는 손가락으로 하다가 나중에는 계산기를 이용한다. 사람들은 새로운 아이디어나 생각,

머리냐 손이냐?

스마트폰을 내 머릿속에 이식해서 손을 이용하지 않고도
모든 정보와 사진, 동영상을 불러낼 수 있다고 상상해 보자.

누군가에게 전화하고 싶을 때 내 정신으로 전화번호를 찾는다고 말할 수 있을까?

스마트폰이 머릿속에 있는 것과 손에 있는 것은 무슨 차이가 있을까?

기억해야 할 내용들을 메모장이나 스마트폰에 기록한다. 전화번호와 일정을 기록하고, 그럼으로써 자신의 지식을 외부 저장소에 보관한다. 마셜 매클루언은 인간이 미디어와 첨단 기술 장비들을 통해 자신의 육체적, 정신적 능력을 확장시킨다고 확신했다. 이때 스마트폰과 같은 첨단 기기는 의족이나 의수처럼 인간의 몸과 하나가 된다. 의사소통 매체들은 인간 의식을 확장시킨다. 단순히 지식과 기억과 경험을 저장하는 기기를 넘어 인간의 의사소통 능력을 확장하고 세계로 향하는 새로운 통로를 제공한다. 가령 우리는 인터넷을 통해서 언제든 다른 사람들의 삶을 관찰하고, 그들이 어떻게 말하고, 생각하고, 느끼는지 경험할 수 있다.

마셜 매클루언에 따르면 전자 통신망의 가능성은 전 세계적 집단의식의 탄생을 보여 주는 신호이기도 하다. 그에 따르면 전자 통신 매체들은 사람들을 끌어모으는 현대의 캠프파이어다. 모든 시청자는 텔레비전을 통해서 세계와 동시대 사람들을 자기 집 거실로 불러들인다. 디지털 미디어는 지금도 전 세계를 빠른 속도로 네트워크화하고 있다. 스마트폰을 통해 실시간 의사소통과 항상 연결되어 있다는 감정을 느끼게 된 일은 20세기 전에는 상상할 수도 없었다. 위키피디아는 우리 시대에 가장 널리 이용되는 백과사전이 되었다. 뿐만 아니라 전 세계적으로 각양각색의 수많은 사람들에 의해 공동으로 설립된, 인류의 지식 역사상 최초로 성공한 플랫폼 형태이기도 하다.

그러므로 정신은 우리 머릿속에만 있지 않다. 외부에도 있다. 인간을 세계와 연결시키는 통신망, 우리가 사용하는 수많은 기기들, 저장

매체들과 인공 보장구들에도 있다. 인간은 그렇게 주변 환경을 자기 자신의 일부로 만든다. 우리는 첨단 기술 제품들과 다양한 미디어와 정서적, 사회적 관계를 맺고 있다. 그렇지 않다면 스마트폰을 잃어버렸을 때 우리가 그토록 절망하는 이유를 어떻게 설명할 수 있을까?

한번 도전해 볼까?

스마트폰 없이 하루 보내기와 전기 없이 생활하기.

둘 중 어떤 도전이 더 어렵게 느껴질까?

미디어

미디어의 형식은 내용에도 영향을 줄까?

　　우리는 거실에 편안하게 앉아서 드라마를 보다가, 친구에게 문자메시지를 보내기도 하고 태블릿 피시로 다음 주에 치를 과학 시험에 필요한 자료들을 찾기도 한다.

　　현대사회에서 미디어 문화만큼 급속도로 변한 분야는 아마 없을 것이다. 미디어의 변화는 곧 소통 방식을 변화시킨다. 휴대전화가 보급되기 전에는 이동 중 소통을 할 수가 없었다. 그런데 이제는 휴대전화로 동영상도 바로 전송할 수 있게 되었다. 첨단 기기들과 미디어는 내 일을 대신 해 주고, 소통하고 정보를 교환하는 새로운 가능성을 제공한다. 여기에 그치지 않고 내가 미디어를 이용해 무엇을 어떻게 할지도 결정한다. 매클루언은 이러한 사실을 "미디어는 메시지다"라는 간결한 말로 표현했다. 다르게 말하자면, 미디어의 형식은 내용을 결정한다. 처음에는 말도 안 되는 이상한 소리로 들릴 것이다. 내용을 결정하는 건 나고, 미디어는 그 내용을 전달할 뿐이라면서 말이다. 내가 누군가의 생일을 축하하고 싶을 때 전화를 하든, 직접 찾아가든, 내가 결정하지 않느냐고 되물을 것이다.

미디어 이론가 마셜 매클루언은 의사소통에서는 내용이 아니라 전자 미디어 자체가 전면에 등장한다고 말한다. 미디어도 소통에 참여해 메시지가 주는 효과에 영향을 미친다는 것이다. 물론 모든 내용이 모든 미디어에 적합하지는 않다. 짧은 동영상은 유튜브에 올려서 볼 수도 있지만, 비교적 긴 글은 잡지나 책으로 만들어서 보여 주는 것이 더 적합하다. 그밖에도 각 미디어마다 거기에 잘 맞는 이용자들의 태도가 다르다. 가령 영상통화를 할 때와 일반 전화통화를 할 때 자신도 모르게 태도가 달라진다. 항상 뚜렷한 생각을 갖고 행동에 옮기지는 않겠지만, 우리는 모든 소식을 전할 때마다 어떤 미디어를 이용해 무슨 내용을 보낼지 결정한다. 예를 들어 누군가와의 관계를 끝내고 싶을 때는 문자메시지를 보내거나 전화를 걸 수도 있고, 직접 만나서 이야기할 수도 있다. 어떤 방법을 선택하느냐에 따라서 내용을 표현하는 방식도 달라진다. 만약 이 말에 동의한다면, 전달하려는 내용이 전달 매체와는 무관하다는 생각(생일 축하 인사처럼)을 버리게 될 것이다.

모든 미디어는 다른 미디어를 포함할 수 있다

미디어라는 말을 들으면 기술적인 특징이나 미디어를 이용해 할 수 있는 일들을 먼저 떠올릴 것이다. 체코 출신의 미디어 철학자 빌렘

멀티태스킹 능력

음악을 들으면서 문자메시지를 보내는 동시에 영화를 보는 일이 아무 문제없이 이루어진다. 그런데 우리는 얼마나 많은 생각을 한 번에 할 수 있을까?

플루서는 미디어의 사회적 의미, 즉 우리가 미디어를 이용해 행하는 일들을 미디어의 기술적 영역과 구분한다. 예를 들어 디지털 사진은 기술적으로 보았을 때 프로그램과 알고리즘^{어떤 문제를 논리적으로 해결하는 데 필요한 절차와 방법, 실행 명령어들의 집합}을 통해 생성되는 픽셀, 부호, 데이터를 기반으로 이루어진다. 디지털 사진의 사회적 기능은 모사, 기록,

새로운 미디어에 대한 두려움?

문자가 발명되었을 때도 곧바로 의심의 목소리가 등장했다. 비판자들은 문자로 인해 사람이 어리석어질 거라고 주장했다. 생각을 문자에 고정시켜 스스로 생각하는 일이 줄어들 거라고 말이다. 문자로 인해 인간의 사고능력과 언어능력을 상실할지 모른다는 우려가 컸다.

18세기에는 소설을 읽는 사람들이 점점 많아지자 독서 중독증과 독서 광풍을 경고하는 목소리가 높아졌다. 소일거리를 위한 독서는 무익하고 해롭다고도 했다. 특히 여성이 문학작품 속에 묘사된 허망한 꿈과 환상의 세계에서 빠져나오지 못할 수 있다고 우려했다.

1895년 파리에서 최초의 영화 상영이 이루어졌다. 영사막에 관객을 향해 다가오는 기차가 등장하자 몇몇 관객이 혼비백산이 되어 영화관 밖으로 뛰쳐나갔다.

텔레비전과 컴퓨터 게임이 등장한 뒤에는 텔레비전 중독과 게임 중독에 대한 우려가 높아졌고, 인간 정신이 우둔해질 거라는 경고도 나왔다. 1985년 미국의 미디어 비평가 닐 포스트먼은 우리의 지식 문화가 오락 문화로 타락할 거라고 주장했다. 이는 매우 위험한 일인데, 그로 인해 개인의 사고능력이 파괴되고 그 결과 민주주의가 무너지기 때문이라고 했다.

지난 20년 동안, 책 시대의 종말과 온라인 미디어가 인간 사고를 어떻게 변화시킬 것인가에 대한 토론이 이어졌다.

이외에도 또 어떤 일들이 있었을까?

129

소통이다. 문자와 사진은 우리의 가장 중요한 소통 미디어들이다. 이 둘은 다른 미디어인 책, 신문, 잡지, 그리고 전자 미디어인 텔레비전, 라디오, 전자책 등에 편입된다. 신문은 문자라는 미디어를 포함하고, 문자는 다시 언어를 포함한다. 매클루언은 '한 미디어의 내용은 언제나 또 다른 미디어'라고 말한다. 인터넷의 특별함은 기존의 모든 미디어를 결합시킨다는 데 있을까? 이런 관점에서 인터넷은 텔레비전과는 다를까?

미디어가 현실을 만들어 낼까?

미디어를 통해 쉴 새 없이 불러내는 온갖 사건들과 정보들 중에서 우리가 함께 체험할 수 있는 것은 극히 일부분에 지나지 않는다. 우리는 대부분의 정보를 다양한 인터넷 사이트와 뉴스티커텔레비전 화면 아래 자막으로 처리되는 뉴스나 주식 현황, 상품 정보, 신문을 통해 알게 된다. 세계 곳곳에서 새로운 소식들이 물밀 듯 쏟아져 들어오지만, 우리는 그 모든 것들이 사실과는 완전히 다를 수 있고, 왜곡되거나 전혀 다른 이해관계가 감춰져 있을지도 모른다는 사실을 의식하지 못한다. 보통은

"미디어는 자신의 작용 메커니즘을 감추고 있고, 근거를 캐묻기 어렵게 만든다."
— 알랭 드 보통

미디어에서 전달하는 정보와 뉴스들이 사실이고 진짜라고 생각한다. 또 뉴스에서 거론된 사람들과 직접 이야기를 나누거나 거론된 장소를 방문하지 않아도 그 영상과 정보만으로 현실로 받아들인다. 어쩌다 그렇게 되었고, 우리는 왜 그런 현실의 배경을 제대로 캐묻지 않을까? 미디어가 영상과 다른 정보 들을 통해 우리에게 전달하는 현실은 과연 어떻게 생겨날까?

　고전적 미디어 이론은 똑같은 사실들이 미디어로 흘러들어 갔다가 미디어를 통해 수용자들에게 전달된다는 데서 출발한다. 이 말을 뉴스에 적용하자면, 수많은 사건들이 특정한 규정에 따라 간추려지고 선별된 다음 우리에게 전달된다는 뜻이다. 뉴스 편집국은 다양한 기준에 따라서 뉴스를 선택한다. 가령 새로움과 중요성이라는 기준을 예로 들어 보자. 이 기준들은 중요한 음악상과 영화상 시상과 같은 긍정적인 사건들은 물론이고 교통사고와 자연 재앙, 전쟁과 같은 부정적인 사건들에도 적용된다. 그런데 뉴스에서는 사실을 가능한 한 있는 그대로 전달하는 것이 중요할까? 또는 다르게 질문해 보자. 뉴스가 하는 일은 원래 무엇인가? 현실의 전달인가, 현실의 구성인가?

　문화적 구성주의 미디어 이론은 미디어가 우리의 인지에 영향을 줄 뿐만 아니라 현실도 구성한다고 주장한다. 구성주의는 단순한 정보 전달이 소통의 전부인 전통적인 모델에 반대한다. 미디어의 영상과 뉴스 들은 외부 현실을 일대일로 모사한 것이 아니다. 미디어는 현실의 단면들을 선택해, 눈에 보이게 드러내고 해석하면서 현실을 가공하고 구성한다. 뉴스에 어떤 제목과 영상을 붙였는지 살펴보자. 전쟁을 보도할 때 어린아이가 비치고, 죽거나 부상당한 사람들이 비쳤다면? 한 사건이 어떻게 평가됐는지, 뉴스는 어떤 맥락에서 다뤄졌는지 살펴보자. 뉴스에서 언급되거나 비치지 않은 것들은 무엇일까?

경제 위기와 정치 위기처럼 복잡한 사안들은 해석 없이 다루어지지 않는다. 축구 경기를 요약해서 보여 주는 프로그램조차 특정한 장면을 선택하고, 평가하고, 경기 결과를 해석한다. 물론 대부분의 뉴스와 방송 보도는 사실과 통계에서 출발한다. 일반적인 언론 윤리 강령에 따르면, 뉴스는 선입견 없이 가능한 중립적으로 보도되어야 한다. 그러나 많은 보도가 단순히 보도에만 그치지 않고, 항상 평가적 성격을 띨 수밖에 없는 논평과 견해로 넘어간다. 개인적인 해석과 견해가 배제된 것처럼 보이는 뉴스들도 우리의 인지에 영향을 주기는 마찬가지다. 가령 폭력과 범죄에 대한 보도가 끊임없이 이어진다면 우리는 사회에 폭력과 범죄가 증가했다고 여기게 된다. 그러나 그에 상응하는 통계와 배경 정보가 없으면, 다른 시기에는 폭력과 범죄가 어느 정도 일어났는지 전혀 알 수가 없다.

제목, 영상, 부제는 우리가 지식을 받아들이고 해석하는 데 영향을 주는 여러 요소들 가운데 대표적인 예다. 미디어의 해석은 다시 우리의 현실을 구성한다. 전달된 현실은 두 번 해석되는데, 한 번은 뉴스를

감정적 진실

어떤 뉴스가 우리의 감정을 건드릴 때 우리는 그 뉴스를 다른 것보다 더 사실로 믿게 될까?

만드는 사람들에 의해서, 또 한 번은 수용자인 우리 자신에 의해서다.
미디어의 현실과 사건에 대한 미디어의 묘사는 우리의 현실 인지와
세계관에 영향을 미친다.

우리의 사고와 행동을 이끄는 고정관념

외부 세계와 그것을 보도하는 미디어 현실 사이에는 당연히
차이가 존재한다. 그러나 실제 세계는 아주 복잡하고, 우리가 전부,
또는 완전히 받아들일 수 없는 정보들도 수없이 많다. 따라서 현실을
구성하기란 언제나 복잡할 수밖에 없다. 올바른 방향을 찾으려면 현실을
단순화시켜야 한다. 고정관념과 단순화는 우리의 일상적 소통에서
정상적인 것이고, 심지어는 꼭 필요한 것이기도 하다. 그 두 가지가 없다면
인간은 생각도 행동도 못 할지 모른다. 행동할 수 있으려면 세상의 수많은
정보와 맥락들, 사건들을 지워 버려야 한다. 단순한 쇼핑을 할 때를
예로 들어 보자. 바지 하나를 새로 사고 싶다고 세상의 모든 바지를 입어

세계 각지의 뉴스와 다양한 의견들

좋은 뉴스보다 나쁜 뉴스(사고, 자연 재앙, 전쟁, 테러
공격 등)가 더 관심을 끄는 이유는 무엇일까?

누구나 자기 생각을 말해도 될까?

언론인들은 자신이 전하는 뉴스가 독자나 시청자 들
에게 끼치는 영향에 책임이 있을까?

볼 수는 없다. 우리는 과정을 단순화시킨 뒤 가장 멋진 바지를 샀다고
말한다. 100여 개가 넘는 상표의 수많은 바지 가운데 겨우 3개만 구경하고
입어 보았을 텐데도 말이다.

'괴짜' 혹은 '금발 여자'라는 단어를 떠올려 보자. 머릿속에 어떤 모습이
떠오르고, 그와 함께 떠오르는 생각은 무엇인가? 어수룩한 괴짜와
예쁘지만 멍청한 금발 여자의 모습은 누구나 잘 아는 고정관념이다.
고정관념은 단순화된 생각과 이미지로, 한 사람이나 대상, 또는 특정
집단 전체를 특징적으로 나타낸다. 이런 종류의 단순화는 피할 수 없고,
의사소통에서 자동적으로 발생한다. 고정관념은 특정한 속성이나 행동
방식을 일반화한다. 가령 특정 사회계층과 직업군 역시 고정관념의
대상이 된다. 나이, 성별, 성적 취향, 국적, 인종, 문화 등 인간의 정체성을
거론할 때도 고정관념이 자주 등장한다. 예를 들어 '남자들이란',
'미국인들은', '은행가들은'이라는 말로 시작하는 문장을 한번 완성해
보라.

고정관념이 원래는 통상적인 일이라면, 문제는 어디에 있을까?
고정관념은 복잡한 현실을 단순화하고, 제한하고, 일반화하며, 그로
인해서 잘못된 추측을 야기할 수 있다. 최악의 경우 고정관념은 편견과
배척으로 이어진다. 언론인, 광고인, 드라마 연출자와 영화감독, 소설가
들도 의식적으로나 무의식적으로 고정관념을 이용한다. 그들의 뉴스,
이미지, 영화, 책, 그리고 모든 종류의 미디어는 세계와 우리 주변, 사회를
바라보는 우리의 시선에 결정적인 영향을 준다.

관심을 살 수 있을까?

어느 반이나 남들보다 더 눈에 띄는 학생들이 있다. 고정관념을 갖지 않도록 조심해야겠지만, 예쁜 여학생이나 어리숙한 괴짜, 또는 익살을 떠는 학생들이 있다. 관심은 고르게 분배되지 않는다. 어떤 사람들은 남들보다 항상 더 많은 관심을 받는다. 사회집단들이 활력을 유지하는 일종의 법칙처럼 말이다. 그런데 누가, 무슨 일로, 얼마나 많은 관심을 받는 걸까?

독일의 미디어 이론가 게오르크 프랑크는 화폐경제 이외에 관심의 거래가 존재한다고 단언한다. 우리 사회에서는 돈이 주요 통화이다. 돈은 거의 모든 것을 살 수 있는 보편적인 교환 수단이다. 프랑크의 관심 경제 이론은 우리가 어떻게 관심을 모으고 교환하는지를 들여다본다. 일단 관심은 인간의 한정된 자원이다. 자원은 부족할수록 수요가 많아지고 가치가 올라간다.

미디어가 받는 관심의 양은 독자 수나 클릭 수, 또는 방문자 수 등으로 측정된다. 관심을 받는 범위가 해당 미디어의 시장가치를 결정적으로 좌우한다. 세력 범위가 커질수록 모아진 관심을 팔기도 쉬워진다. 광고 사이트들을 통해 이 관심은 다시 돈으로 바뀐다. 이런 식으로 인터넷 사이트 운영자들과 출판사, 텔레비전 방송국은 소비자들의 관심으로 돈을 번다.

심지어는 마케팅 캠페인과 광고를 이용해 의도적으로 관심을 불러일으키기도 한다. 그 이유는 무엇일까? 상품 마케팅은 반드시 최대한 많은 소비자의 관심을 끄는 것을 목표로 하지는 않는다. 때로는 전적으로 특정한 목표 집단만을 겨냥할 때도 많다. 중요한 것은 관심의 질이다. 해당 상품만의 특별한 점이 특정한 사람들에 의해 인지되어야 한다.

그렇다면 어떻게 사람들의 주의와 관심을 불러일으킬까? 잘 알려진 전략 중 하나는 상품을 의인화하는 것이다. 우리가 어떤 상품에 대해 정서적, 개인적 관계를 형성하려면 그 상품이 개성이 있는 것처럼 느껴져야 한다. 성공적인 상품들은 사용가치만이 아니라 연출 가치도 갖고 있다. 사용가치는 상품의 기능에서 비롯된다. 그에 반해 연출 가치는 그 상품의 인기와 특별한 개성에서 나온다. 성공한 상품들은 사용가치와 연출 가치가 함께 작용해 일종의 브랜드로 발전한다.

관심을 받기 위해서 어디까지 갈 수 있을까?

무엇을 통해서 관심을 얻고 싶을까?

관심을 모으는 건 나 자신을 위해서일까, 남들 때문일까?

관심이 나쁠 수도 있을까?

미디어는 여론 형성에 영향을 준다. 그 때문에 정치, 경제, 사회에 대한 관심이 매우 높다. 미디어 기업들도 브랜드 가치를 갖고 있고, 그들이 다루는 내용은 방향이 각각 매우 다를 수 있다. 어떤 미디어는 재미난 오락을 추구하고, 어떤 미디어는 질적으로 수준 높은 뉴스 보도를 지향한다. 관심과 신뢰도가 높은 미디어일수록 그 브랜드 가치도 높아진다. 성공한 미디어 기업과 디지털 플랫폼은 관심을 축적하는 은행과도 같다. 그들은 관심을 불러일으키고, 모으고, 판다. 그것으로 돈을 벌고 새로운 관심을 더 불러일으키기 위해서다. 어떤 텔레비전 방송국이 유명인과 함께 일을 하면, 그 방송은 우선 관심을 많이 받을 수 있다. 또 방송국은 그 유명인이 특히 잘 알려진 집단을 새로운 시청자로 끌어들일 수도 있다. 방송에 출연한 유명인 역시 돈만 버는 것이 아니고, 자신의 브랜드 가치를 확인하거나 높일 수 있다.

사람들이 공적 자기 마케팅에서 얻을 수 있는 관심의 자본에는 세 가지 종류가 있다. 바로 평판, 유명, 명성이다.

평판은 전문적인 능력이나 특별한 자질과 결부되어 있다. 가령 어떤 외과의는 심장 수술을 특히 잘한다는 소리를 듣는다. 이 사실이 동료들과 환자들 사이에 널리 알려지면서 그는 전문가라는 평판을 누리게 되고 자주 추천을 받게 된다.

어떤 사람이 특정한 전문 분야나 규모가 작은 공동체 밖으로까지 널리 알려지면 유명인이 된다. 사람들은 이 사람이 하는 일뿐만 아니라 그의 사생활에도 관심을 갖는다. 따라서 유명인은 그 사람 전체로서 대중 앞에

서게 된다.

죽고 난 뒤에도 계속 관심을 받는 사람은 명성을 얻기에 이른다. 보통은 천재적인 발명가나 예술가, 알베르트 아인슈타인 같은 과학자

들이 명성을 누리지만, 역사적으로 중요한 왕들과 정치인들도 명성을 얻는다. 어떤 사람들은 죽고 난 뒤에 비로소 유명해지기도 한다. 빈센트 반 고흐는 오늘날 가장 유명한 화가 중 한 명이지만, 살아생전에는 돈도 없고 관심도 받지 못한 비운의 천재였다.

자기 마케팅 3.0

미디어는 끊임없는 정보의 물결로 우리 사회의 일상을 구성하는 중요한 요소가 되었다. 미디어가 제공하는 정보는 세계 곳곳의 정보부터 유명 스타와 제품 브랜드에 관한 뉴스까지 넘나든다. 한 사회의 스타들은 공적인 브랜드가 되기 위해서 미디어의 관심이 필요하다. 반대로 미디어도 대중의 관심을 불러 모으기 위해 스타와 유명인 들에 의존한다. 따라서 양쪽은 시청자와 소비자 들의 관심을 먹고산다고 볼 수 있다. 스타와 유명인은 관심 경제의 초고소득자들이다. 이들은 관심으로 높은 수익을 얻는데, 이 수익은 이들이 토크쇼에 출연하거나 광고를 찍는 경우 돈으로 교환된다.

텔레비전의 여러 캐스팅쇼 프로그램 덕분에 유명인은 계획 가능한 사업 모델이 되었다. 자기표현이 공적인 자기 마케팅이 되고, 사람 자체가

브랜드처럼 다루어진다. 20세기에는 텔레비전이 수많은 스타와 유명인을 배출했다면, 21세기에는 관심을 거래하는 새로운 시장들이 계속 개발되고 있다. 다방면에 영향력이 있는 사람, 블로거, 여러 온라인 프로그램 사이트는 그사이 다양한 텔레비전 프로그램보다 자기 마케팅의 유효한 수단으로

우리는 많은 사람들이 주목하는 일에 왜 관심을 가질까?

사람들은 남들이 주목하는 일에 관심을 갖는다는 것이 관심 경제의 법칙이다. 일종의 자연 반사다. 더운 여름에 많은 사람이 아이스크림을 먹으며 지나가는 모습을 보면, 우리는 무의식적으로 아이스크림을 먹고 싶어진다. 아니면 최신 유행가를 생각해 보자. 최신 히트곡은 너무 많은 곳에서 자주 들리기 때문에 좋아하든 싫어하든 관심을 갖지 않을 수 없다.

자리잡았다. 자기만의 유튜브 채널이나 블로그를 운영하는 일은 이제 돈벌이가 가능한 직업이 되었다. 그들은 모두 시청자들과 소비자들의 관심으로 먹고산다.

내 프로필 정보의 가치는 얼마일까?

디지털 세계는 아주 많은 것을 제공한다. 우리는 다양한 종류의 사람들과 생각할 수 있는 모든 주제에 대해 의견을 교환할 수 있고, 공동의 아이디어와 연구 과제에도 참여할 수도 있다. 혼자 컴퓨터

앞에 앉아서 전 세계와 동시에 정보를 나눌 수 있다. 그렇다면 우리가 검색하고, 작업하고, 소통하고, 쇼핑하고, 소비하는 공간은 누구의 것일까? 인터넷에 머물러 있는 시간이 많을수록 사람들은 그곳이 공적 공간이라는 사실을 쉽게 잊어버린다. 우리가 사용하는 인터넷 기반 시설은 거대 기업들에 속해 있는 경우가 많고, 이들은 우리가 무엇을 하고 무엇을 클릭하는지에 무척 관심이 많다.

기업들은 관심을 모으는 데 그치지 않고, 이용자들의 흔적을 기록해 데이터를 수집한다. 흔적들은 데이터로 저장되고, 평가되고, 판매된다. 이제 데이터는 일종의 가상 원료가 되었다. 관심 경제와 더불어 확립된 데이터 자본주의는 이용자와 소비자 들의 데이터를 자신의 목적에, 이를테면 개인 맞춤형 광고에 이용한다.

이용자들의 활동도 다양한 방식으로 활용된다. 예를 들어, 어떤 제품에 대한 사용 후기를 쓴다면 그 제품을 판매한 사이트가 관심을 갖거나 잠재적 고객들이 해당 제품에 흥미를 가질 내용들을 무료로 작성해 주는 셈이 된다. 또한 포털 사이트에서 동영상과 사진에 태그를 걸거나 그것을 평가하는 사람도 온갖 데이터로 혼란스러웠을 해당 포털 사이트의 구조를 분류하고 최적화하는 데 기여하는 셈이다.

포스팅, 공유, 해석

인터넷 사이트에 뭔가를 올리거나 글을 쓰기 전에 이용 약관을 읽어 본 적이 있는지 떠올려 보자.

소셜네트워크는 자기표현에 도움이 될까, 아니면 창의적 공동생활과 공유 문화일 뿐일까?

140

  카페는 공적인 공간이다. 그렇지 않은가? 적어도 손님들에게는 맞는 말이다. 다만 그들이 나누는 대화는 상당 부분 사적이다. 카페 주인이 모든 대화를 녹음해 자신의 카페 블로그에 공개한다고 상상해 보라. 그래도 괜찮은가? 한편으로 카페 주인은 자신의 사적인 가택 불가침권을 이용해 어떤 손님의 입장을 거부할 수 있다. 다른 한편으로 기자에게는 카페가 철저하게 공적인 장소다. 그는 거기서 다른 사람들을 관찰할 수 있고, 유명인이 그곳에 있는 경우에는 허락을 구하지 않고 그 사람에 대한 기사를 내보낼 수 있다. 이런 경우 카페는 사적인 영역과 공적인 영역 사이의 장소다. 카페는 어떤 사람(주인)에게는 사유재산이지만, 공적이고 잘 알려진 장소가 되어야만 의미가 생기고 돈을 벌어다 준다. 반면에 손님에게 카페는 공적인 공간으로, 사적인 대화를 나누면서도 공적으로 자기를 내보이기 위한 곳이다.

  다른 사람에게 관찰되지 않을 때 우리는 항상 사적이다. 이것이 사적인 것의 또 다른 정의가 될 수 있다. 우리는 놀이터나 야외에서,

141

여행할 때에도 사적일 수 있다. 말하자면 법적으로는 우리가 공적
공간에 있었다 해도 그런 사실이 달라지지는 않는다. 그리고 오직 공적인
공간에서만 자유로운 사회가 발전할 수 있다. 다시 말해서 우리는 서로
교환하고, 자유롭게 움직이고, 자기 의견을 말할 수 있어야 한다. 다른
한편으로는 누구든 남들에게 관찰되지 않는 자기만의 사적인 공간이
필요하다. 우리가 무엇을 믿고 정치적으로는 무슨 생각을 하는지, 건강
상태는 어떤지는 모두 사적인 문제다. 공적인 것은 사적인 것 없이 존재할
수 없고, 그 반대도 마찬가지다. 아니면 사적인 영역 없이 모든 것이
공적이기만 한, 자유로운 사회가 과연 가능할까?

사적인 영역에 속하는 것과 그렇지 않은 것은 무엇일까?

자기 자신에 대한 정보를 생각해 보자⋯⋯.

남에게 절대 알리지 않을 정보

어차피 누구나 다 알고 있어서 아무에게도 말하지 않는 정보

남들이 알았으면 하는 정보

기업들이 수집해서 팔 수 있는 정보

돈으로 계산되지 않는 정보

142

의미

10
열 번째 생각 실험

"사람들은 왜 밤과 꽃들, 우리 주변의 모든 것을 이해하려 하지 않으면서 사랑할까? 그러면서도 그림을 볼 때면 그것을 꼭 '이해해야 한다'고 생각한다." —파블로 피카소

나는 어떤 사람이고 싶을까?

　　우리는 모든 인간의 평등을 원하고, 모두에게 똑같은 권리와 기회가 주어지길 바란다. 한편으로 모든 인간은 서로 다르고, 개인적이길 원한다. 우리 모두가 개인적이고, 개인적이길 바란다는 점에서는 대부분 생각이 일치한다. 그러나 개성은 다른 사람들에 의해 인지되고 존중되지 않으면 아무 가치가 없다. 인간의 정체성은 어떤 점에서는 다른 사람들에 의해 좌우되기까지 한다. 예를 들어 예술과 문화에 관심을 갖는다면, 내가 그러고 싶어서일까, 아니면 다른 사람들의 눈에 예술과 문화에 관심이 있는 사람으로 보이고 싶어서일까?

우리는 왜 자신을 연출할까?

　　역설적으로 들릴지 모르겠지만 자기 자신이 되기 위해서는 다른 사람이 필요하다. 그 때문에 인간은 다른 사람의 삶에 관심을 가질 뿐만 아니라 자기 자신을 전달하고 싶어 한다. 프랑스 철학자 미셸 푸코는 현대 인간을 고백하는 동물이라고 말한다. 인간은 세상에 대고 자기 자신에 대해 말하고자 하는 욕구가 있다. 이렇게 자기를 공개하기 위해서 다양한 자기표현 기법들도 고안했다. 중세에는 고해성사가 있었고, 현대에는 심리 치료, 상담, 토크쇼 등이 있다. 도서 시장에서도 자서전은 독자적인

144

장르로 자리 잡았고, 베스트셀러에 오르는 경우도 많다. 개인의 일기도 자기 공개의 문화적 기법 중 하나이다. 공개적으로 이루어지지 않고 자기 자신과의 대화 속에서 이루어진다는 점이 다를 뿐이다. 이스라엘 출신의 여성 사회학자 에바 일루즈는 20세기에는 자기표현 형태가 특히 중요해졌다고 말한다. 자기표현은 일종의 치료적 자기 연출로, 성공이나 질병, 위기처럼 개인적이고 사적인 체험과 전기적 내용들이 주로 등장한다.

나 자신이 되자!

이 모든 다양한 자기 연출 형식들의 공통점은 무엇일까? 바로 자기 정체성을 창조적으로 형성하는 것을 목표로 삼는다는 점이다. 인간은 자기 자신에 깊이 몰두하고 자기 고백을 하는데, 이는 자신을 인식하고 싶기 때문일 수도 있다. 그밖에도 우리는 끊임없이 우리의 개성을

인상

자기표현보다 다른 사람이 받는 인상이 더 중요할까?

자기를 연출하고 싶지 않다고 말한다면, 그것 역시 자기 연출일까?

145

발휘하고 개성을 표현하면서 살아갈 수밖에 없다. 모든 인간은 자기 자신과 자신의 개성을 실현하고 싶어 한다. 우리에게는 그것이 당연한 일이고, 그렇기에 우리는 모두 자신의 생각대로 살 수 있는 개인주의 사회에서 살아가는 데 익숙하다. 그런데 우리는 어느 정도나 개인적일 수 있을까?

나는 실제로 얼마나 개인적인 존재일까?

나는 나만의 개인적인 취향이 있을까? 또 내가 중요하게 여기는 모든 것을 마음대로 할 수 있을까? 예를 들어 좋아하는 드라마, 옷, 취미, 친구들과 즐겨 만나는 카페는 내 개인적인 취향과 라이프 스타일의 표현일까?

프랑스 사회학자 피에르 부르디외에 따르면, 각 개인의 차이는 어떤 사회집단에 소속되어 있는가에 좌우된다. 부르디외는 각기 다른 집단과 계층, 환경에 속한 개인들이 어떻게 함께 살아가는지 연구했다. 그는 사회를 세 개의 계층으로 나누었는데, 바로 상류층, 중류층, 하류층이다. 이때 각 계층은 다시 서로 다른 사회적 환경으로 분류된다. 사회적 환경은 거기서 살아가는 개인에게는 중요한 기준점이자 지향점이다. 한

집단 안에서 개인들은 상당 부분 서로를 동일시하고 서로를 모방한다. 누구에게나 직간접적으로 본보기로 여기는 사람이 있다. 그 사람이 자신의 부모이든 주변의 다른 사람이든 말이다.

개인이라는 건 구별을 짓는 것이다

개인들의 사회적 차이는 소속된 집단에 의해서만이 아니라 구별 짓기와 경쟁에 의해서도 생겨난다. 사회적 집단의 주요 동기 중 하나는 다른 집단과 구별을 짓는 것이다. 집단마다 자기 연출과 자기표현 방법이 있다. 사회적 차이를 드러내기 위한 특정한 말투일 수도 있고, 동일한 휴가 장소나 장 보러 갈 때 들고 다니는 리넨 에코백일 수도 있다. 피에르 부르디외의 이론에 따르면, 우리는 끊임없이 다른 사회 계층과 자신을 구별 짓는다. 이러한 생각 뒤에는 어떤 이론과 어떤 기본 전제가 깔려 있을까?

1. 한 인간이 행하고, 느끼고, 생각하는 모든 것은 그가 어떤 사회집단에 소속되어 있는가를 드러내는 표현이다. 음식, 옷, 주거, 사랑, 스포츠, 취향, 종교 등이 여기에 속한다. 모든 인간은 시간이 지나면서 자신이

사과는 나무로부터 멀리 떨어지지 않는다

부모님으로부터 어떤 종교적 입장이나 식습관을 물려받았는지 떠올려 보자.

친구들이 혹시 비슷한 스타일의 옷을 입고,
같은 음악이나 영화를 좋아하지는 않는지 생각해 보자.

속한 사회의 영향을 받아 생겨나는 '아비투스'를 갖고 있다. 아비투스란 세계와 삶, 사회에 대한 기본 태도를 말한다. 아비투스는 우리의 태도와 사고에 영향을 주는 내면화된 성향 체계이며, 우리 성격의 기본 구조를 형성한다.

2. 인간이 사회에서 차지하는 위치는 그의 자본 총량을 통해 규정된다. 자본의 종류에는 세 가지가 있다. 경제자본, 문화자본, 사회자본이다. 경제자본은 돈과 재산이다. 문화자본은 지식, 교양, 증명서, 기술적 능력 등으로 이루어진다. 사회자본에는 무엇보다 개인적인 인맥과 친구들이 있다. 심지어는 뛰어난 사회적 능력을 가진 경우 자신의 감정도 직업과 일상에서 자본이 될 수 있다. 자본과 감정이 결합된 한 인간의 라이프 스타일은 그의 사회적 위치를 알려 준다.

3. 우리는 소속감을 느끼면서 다른 사람들과 우리를 구별 짓는다. 우리는 우리를 둘러싼 사람들과 대상을 선택함으로써 다른 사람들로부터 우리를 구분하고, 동시에 우리가 누구와 연대감을 느끼는지 드러낸다. 취향과 소비는 특정한 집단에 소속감을 느끼고, 다른 집단과 자신을 구별 짓는 데 필요한 가장 중요한 수단이다. 이런 경향은 특히 유행에서 잘 드러난다. 예를 들면 누가 어떤 상표와 어떤 색깔의 옷을 입는지 관찰할 수 있다. 취향과 소비를 통해 세상과 사회에 대한 자신의 입장을 표현하려는 경우도 있다.

피에르 부르디외는 자신의 아비투스를 자유롭게 선택할 수 있는 사람은 아무도 없다고 말한다. 주관적으로는 자기만의 라이프 스타일이 있다고 느낄 수 있다. 그러나 그 모든 것은 결국 사회적 영향과 본보기의 한 표현일 뿐이다. 아비투스에는 인간 개성의 모든 모순성이 그대로 반영된다. 이렇게 보면 개인이라는 것도 별다른 의미가 없다. 우리는 실제로는 그렇게 개인적이지 않은데도 개인으로 만들어진 걸까? 아니면 개인적인 구별은 원래 뭔가 다른 것, 즉 사회에서 우리의 사회적 위치를 나타내기 위한 걸까?

취향에 대한 다툼

자신과 취향이 다른 사람을 의식적으로 자신과 구별한 적 있는지 생각해 보자.

갑자기 지금과는 전혀 다른 사회적 환경에서 살게 되었다고 상상해 보자. 다른 가치를 중요하게 생각하고, 여가 시간도 나와는 완전히 다르게 보내는 사람들이 사는 곳에서 살게 된다면 어떨까?

누군가 내 취향을 신랄하게 비판하면 개인적으로 공격을 받았다고 느낄까?

인간은 누구나
예술가일까?

쇼핑가에서 공연하는 행위 예술가는 자신의 예술로 그 거리를
변화시킨다. 그는 공간의 한 부분을 차지하고 관객과 함께하는 무대를
만든다. 이런 경우를 두고 예술가들이 공적 공간을 정복한다고 말한다.
길거리의 어릿광대도 예술가일까?

예술가들은 예술은 예술 자체를 위한 창의적 행위라고 자주 말한다.
예술적 활동은 자기 목적이고, 예술 자체에 유익할 뿐 다른 어떤 일에도
목적을 두지 않는다. 예술은 경제적, 사회적, 정치적 강요로부터 벗어나
자유로워야 한다. 반면에 수공업은 어딘가에 쓸모가 있는 물건들을
생산한다. 디자이너와 수공업자는 특정한 기능을 가진 일용품들을
만든다. 그렇다면 디자인은 목적에
맞게 쓰이니까 예술이 아닐까?
수공업은 보통 습득할 수 있고,

"모든 인간은 예술가다."
−요제프 보이스

디자이너가 되려면 디자인 공부를 하면 된다. 그런데 예술은 어떤가?
모든 인간은 예술 작품을 만들 수 있을까? 아니면 특별한 능력과 타고난
재능이 필요할까?

천재 예술가는 19세기에 만들어진 관념이다. 당시에는 천재
예술가에 대한 숭배가 본격적으로 일기 시작했다. 사람들은 모든
외부의 요구로부터 자유로운 진정한 천재만이 예술 작품을 창작할 수
있다고 믿었다. 또한 관찰자로서 그들의 예술 작품을 이해하고 즐길 수
있으려면 역시 특별한 능력(감수성이나 전문적 지식)이 필요하다고 생각했다.
오늘날에는 예술과 수공업, 디자인, 상업적 제품들 사이의 경계가
불분명하다. 특히 미술관과 개인 수집가들의 전시실에 걸린 예술품은
결코 자유롭지 않고, 전 세계적인 예술 시장의 일부가 되었다. 그렇다면
모든 것이 예술이 될 수 있을까?

예술의 가치

예술가 자신 이외에 아무도 볼 수 없는 작품도 예술일 수 있을까?

자신이 좋아하는 것이라면 뭐든 아름답고 훌륭한 것으로 생각해야 할까?

우리는 언제나 예술 작품들을 만난다. 그러나 예술가들을 개인적으로 만나는 일은 거의 드물다. 예술 작품과의 가장 중요한 연결 고리는 미술관이다. 대수롭지 않은 말처럼 들리겠지만 어떤 작품이 미술관에 걸리는 순간, 사람들이 좋아하든 싫어하든 예술로 받아들여진다. 그런데 무엇을 미술관에 전시할지 결정하는 사람은 누구일까? 누가 그것을 예술이라고 말할까? 예술 작품을 분류하고, 편입시키고, 평가하는 것은 예술가들의 일이 아니다. 중요한 결정자들은 관객이고, 예술의 역사를 언제나 새롭게 만들어 가고, 영향을 주고, 해석하는 큐레이터, 개인 수집가, 예술 평론가, 예술 사학자로 이루어진 전문가 집단이다. 전체 예술사는 서로 반응하고 영향을 주고받으며 탄생한 예술 작품들의 연속이다. 모든 예술 작품은 각각의 전통과 역사, 연관 관계로 편입된다. "그것은 예술인가, 아니면 버릴 수 있는 것인가?"라는 논쟁적 물음은

"예로부터 예술의 가장 중요한 과제 중 하나는 아직은 오지 않은 시기에 완전히 충족될 수요를 창출하는 것이었다."
─발터 벤야민

예술 작품이 대상 자체로서는 그 가치를 항상 알아보는 것이 어려우며, 명확한 의미를 가져야만 한다는 점을 지적한다. 이 말이 무슨 뜻인지 이해하려면 어떤 작품이 어떤 맥락에서 탄생했고, 어떤 연관 관계를 갖고 있는지 알아야 한다.

프랑스 예술가 마르셀 뒤샹은 1917년 뉴욕에서 개최될 한 전시회에 출품할 작품으로 남성용 소변기를 준비했다. 그러고는 그 작품에 '샘'이라는 제목을 붙였다. 출품이 거부당해서 전시되지는 않았지만, 그 소변기는 오늘날 수많은 전문가들에 의해 20세기의 가장 영향력

있는 예술 작품으로 간주되고 있다. 뒤샹의 소변기 이후로 일상에서 사용하는 물건들이 예술 작품이 될 수 있다는 점이 지극히 정상적인 일로 받아들여졌기 때문이다. 소변기가 정말로 예술 작품이 될까? 어떤 예술가가 자신이 발견한 대상을 전시하면, 그것만으로 예술이 되기에 충분한 걸까?

마르셀 뒤샹은 자신의 소변기로 오늘날 예술 작품의 중요한 핵심을 건드렸다. 예술 작품은 어떻게 보이고 무엇을 표현하느냐가 아니라, 무엇을 의미하는지가 중요하다는 사실이다. 뒤샹은 선동가였다. 자신의 행위를 통해서 일상적인 것이든 평범한 것이든 모든 대상이 예술 작품이 될 수 있다는 것을 보이려 했다. 그는 미술관을 찾는 관람객들에게 질문을 던지려 했다. 이 소변기가 세상에 있는 다른 수많은 소변기와 어떤 점에서 다른가? 이런 종류의 예술에서는 예술 작품의 배후에 있는 구상, 예술가의 이념, 그가 관객들에게 던지는 질문이 중요하다.

예술가들 사이에서는 예술가의 역할에 대해 캐묻는 것도 인기가 높다. 미국의 팝아트 예술가 앤디 워홀은 심지어 자신이 예술가로서 책임질 것은 모티브와 선택한 물감밖에 없으며 그림을 그리는 행위는 다른 사람도 할 수 있다고 했다. 이런 이유에서 워홀의 몇몇 작품에 대해서는

예술이 무엇인지 누가 규정할까?

누군가 새로운 단어를 만들었다고 생각해 보자.

예술하다 = 예술 활동을 한다. 이런 것도 예술일까?

오늘날까지 논쟁이 이어지고 있는데, 워홀이 정말로 그 작품들을
완성했는지가 확실하지 않기 때문이다. 그는 자기 조수들에게 작품을
맡긴 채 창작 과정에도 참여하지 않을 때가 많았다고 한다.

복제품과 모조품

두 가지 상황을 생각해 보자.

1 루브르 박물관에 걸린 〈모나리자〉 앞에 서서 그림을 관람하는데,
그것이 모조품이라는 사실이 확인되었다.

2 어떤 브랜드의 모조 휴대전화를 구입했다.

이 두 상황에서 진품의 가치를 결정하는 건 무엇일까?
겉모습이 아주 똑같아도 복제품은 왜 가치가 떨어질까?
진품의 가치는 가격으로 결정될까?

예술이 왜 필요할까?

예술 활동에 종사하면 무엇을 얻을 수 있을까?

예술 활동을 하거나 예술을 관람하는지 아닌지가
예술을 평가하는 데 결정적인 작용을 할까?

자기 자신을 예술가라고 생각한 적이 있었다면?

예술은 상호작용이다!

원하든 원치 않든 우리 모두는 예술 소비자들이다. 거의 어디서나
예술과 마주치기 때문이다. 거리에서, 공원에서, 도시의 벽이나
영화관에서 말이다. 우리가 본 것을 해석하고 우리의 체험에 대해
이야기할 때, 우리는 예술이라고 부르는 것을 결정하는 일에 적극적으로
동참한다. 다른 한편으로 우리는 예술 생산자들이기도 하다. 그림을
그리고, 음악을 만들고, 시를 쓰기도 하니 말이다. 예술은 예술가, 예술
작품, 관객 사이에서 상호작용하는 과정이다. 예술의 평가에는 항상
개인적 관심과 자신의 경험들이 흘러 들어간다. 그 때문에 사람마다
예술에 접근하는 통로가 다르다. 또
누군가를 곧바로 감동시키는 예술
작품도 많은 반면, 아무런 감흥이
일지 않거나 무의미하게 생각되는
작품들도 있다.

"사람들은 왜 밤과 꽃들, 우리 주변의
모든 것을 이해하려 하지 않으면서
사랑할까? 그러면서도 그림을 볼 때면
그것을 꼭 '이해해야 한다'고 생각한다."
–파블로 피카소

155

행복하기가
왜 그렇게 어려울까?

"나는 그사이 행복이라는 주제를 증오하게 되었습니다." 독일 출신의
유명한 행복 철학자 빌헬름 슈미트가 한 말이다. 그는 약 10년 전부터
끊임없이 행복에 관한 질문을 받았다. 누구나 한번쯤 행복에 대해
나름대로 생각해 보기 때문에 질문을 하는 사람도 많았으리라. 그런데
모두가 추구하는 그 행복이란 대체 무엇일까?

행복은 자기 목적이다. 나는 행복하기 위해서 행복하기를 바란다.
어쩌면 그 때문에 행복이 무엇인지 말하기가 그토록 어려운지도 모른다.
그밖에도 행복을 정의하려 할 때 부딪히는 문제가 적어도 세 가지는 있다.

1. 행복이라는 감정은 사람마다 다르다. 나를 행복하게 하는 것이 다른
사람에게는 아무런 감흥을 주지 못하거나 심지어는 그 사람을 불행하게
만들 수도 있다. 또 행복에 필요한 모든 것을 가졌다고 해서 반드시
행복한 것도 아니다.

2. 행복을 느끼는 건 이미 그 반대를 전제로 한다. 행복을 느끼는 사람은
불행이나 고통도 느낄 수 있어야 한다. 고통과 괴로움을 느껴 본 적이
없는 사람은 행복한 삶이 어떤 것인지도 알지 못한다.

156

3. 행복이라는 것이 정말
존재하는지도 분명하지 않다.
우리가 행복이라고 부르는 모든
것이 근본적으로는 다른 무엇일
수도 있다. 쾌락, 재미, 성공, 돈,
기쁨, 명성, 섹스, 권력이나 명예일 수도 있다.

"선천적 오류는 단 하나인데, 바로 우리가 행복하기 위해 존재한다고 믿는 것이다."
—아르투어 쇼펜하우어

철학자들이 말하는 행복

독일 철학자 아르투어 쇼펜하우어는 모든 생명의 기본 상태를
고통이라고 믿었다. 그 때문에 행복을 고통과 괴로움이 없는 상태, 결코
지속적일 수 없는 일시적 순간이라고 했다. 행복은 정말로 스쳐 지나가는
한순간일 뿐일까? 또 다른 철학자들의 행복에 관한 사상 가운데 가장
유명하고 중요한 몇 가지를 살펴보자.

거칠고 위험하게 살아라!
프리드리히 니체가 볼 때 인간은 자기 자신의 한계를 뛰어넘을 때 행복을 느낀다. "행복이 무
엇인가? 힘이 커지고 어려움을 극복했다는 감정이다." 니체에게는 위험하게 살고 자신의 한
계를 넘어서는 것이 인간의 최고 행복이다.

자신의 본성에 맞게 행동하라!
본성과 일치된 삶을 살아라! 아리스토텔레스에 따르면 행복은 이론뿐만이 아니라 매일의 행
동에서 찾을 수 있다. 아리스토텔레스는 확고한 낙관론자로서 인간이 도덕적 행동을 통해서
행복해질 수 있고, 자신의 본성에 맞는 일을 할 때 행복해질 수 있다고 믿었다. 따라서 최고의
행복은 행동 속에 있고, 완전히 몰입할 정도로 내가 하는 일을 좋아할 때 가장 큰 행복을 느
낀다.

은둔해서 살아라!
그리스 철학자 에피쿠로스라면 오늘날의 페이스북과 인스타그램과 같은 소셜미디어를 대수롭지 않게 여겼을 것이다. 그에 따르면 인간은 세상을 떠나서 뜻이 맞는 친구들과 함께 은둔해서 살아야 하고, 사적인 것에서 행복을 찾아야 한다. 에피쿠로스가 말하는 행복의 최고 형태는 영혼의 평온과 고통으로부터의 해방이다.

자신의 생각에 집중하라!
"사물들 자체가 아니라 사물들에 대한 생각들이 인간을 불안하게 한다." 고대 철학자 에픽테토스는 무슨 뜻으로 이런 말을 했을까? 때로는 어떤 일 자체보다는 그것에 대한 걱정과 두려움이 더 크다는 뜻이다.

네가 이미 가진 것을 바라보라!
에피쿠로스에 따르면 인간은 자신이 갖고 있지 않은 것을 원하는 경향을 보인다. 그로 인해 자기가 이미 가진 것의 가치를 도외시한다. 그밖에도 끊임없이 주변을 둘러보는 사람은 남들이 자기보다 더 많이 가졌거나 더 잘 산다는 사실을 계속 확인한다. 에피쿠로스에게 이런 행동은 불행으로 가는 지름길이다.

지금이다!
행복에 관한 조언들 가운데 오랫동안 인기를 누리고 있는 조언은 프랑스 소설가 알베르 카뮈에게서 유래했다. 우리의 삶은 항상 지금이다! 그 때문에 행복과 괴로움도 항상 지금이다. 그러니 지금 이 순간을 즐겨라! 행복과 삶의 의미는 오직 순간 속에서만 찾을 수 있다.

이 모든 게 다 무엇을 위해서일까?

주변 사람 다섯 명에게 삶의 의미가 무엇인지 물어보자.

의미

내 삶은 의미가 있을까?

　아침에 일어나서 양치질하고, 아침을 먹고, 일을 하러 가거나 학교에 간다. 잠시 휴식을 취했다가 다시 일하고, 일이 끝나고 나면 집으로 돌아와서 잠자리에 들었다가 아침에 다시 일어난다. 이렇게 매일 똑같은 일을 반복하다가 언젠가 죽음에 이른다. 우리 모두는 죽는다. 죽음은 우리 삶에서 몇 안 되는 절대적으로 확실한 사실이다. 그렇기 때문에 프랑스 소설가 알베르 카뮈는 인간의 실존이 부조리하다고 말한다. 우리는 무의미하고 희망이 없는 세상에서 살지만, 그럼에도 불구하고 끊임없이 모든 것이 의미가 있는 것처럼 행동한다. 삶은 의미가 없는 걸까? 의미가 없는 삶이 살 만한 가치가 있을까?

　알베르 카뮈는 당연히 가치가 있다고 말한다. 자기 실존의 부조리를 자각한 사람은 자신의 삶을 의미 있는 것으로 경험할 수도 있다. 나는 누구인가? 나는 누구이고 싶은가? 나에게 중요한 건 무엇인가? 누구나 자신의 삶에 대해 던지는 이런 물음들을 알 것이다. 삶의 부조리를 경험하고 나서야 우리는 비로소 모든 강요와 외적인 영향에서 벗어나 자신의 삶의 의미를 깊이 생각할 수 있게 된다. 삶에 대해 성찰하게 만드는 강력한 자극제는 바로 죽음이기 때문이다. 카뮈에게는 인간 실존의 부조리가 처음부터 정해진 의미는 없다는 것을 보여 주는 하나의 증거였다. 인간은 하나의 정해진 의미에 고정되지 않는다. 바로 거기에 인간의 자유가 있고, 동시에 자기 스스로 삶에 의미를 부여하는 막중한 책임도 있다. 이 말은 외부에서 주어지는 어떤 의미도 우위에 두지 말라는 뜻이기도 하다. 자기만의 고유한 의미를 경험하게 되면 모든 인간은 자유를 얻을 수 있다. 외부에서 주어지는 목적이 아무리 드높고 설득력 있어 보여도 자신의 뜻을 거스르면서 그것을 위해 일하지 않을 자유를.

예술이 뚜렷한 사용가치나 목적이 없듯이 인간의 삶도 어떤 분명한 의미는 없다. 어쩌면 '의미'는 실존에 덧붙여진 것이 아닐 수 있다. 처음부터 실존에 포함되어 실존과는 결코 분리될 수 없는 것일지도 모른다. 의미는 확정돼 있거나 주어지는 것은 아니지만 실존 자체에 내재되어 있을 수 있고, 바로 그 때문에 의미를 찾는 일이 그처럼 어려운지 모른다. 예술과 죽음은 우리의 일상적인 경험 밖에 무엇인가 존재하고 있다는 사실을 일깨운다.

나라면 어떻게 할까?

내일 죽는다면 오늘 난 무엇을 할까?

변화의 시대, 다르게 생각하는 용기가 필요하다면

안광복_ 중동고 철학교사, 철학박사, 《나는 이 질문이 불편하다》 지은이

플라톤은 문자의 발명 탓에 사람들의 지능이 점점 떨어진다고 한탄했다. 글자가 있으니 자신의 경험과 생각을 기억하려 애쓸 필요 없이 어딘가에 적어두기 때문이다. 이 때문에 플라톤은 사람들이 점점 머리를 쓰지 않는다고 한숨을 쉬었다. 18세기 유럽에서는 소설 열풍이 불었다. 그러자 지식인들은 문학작품 속 허풍스런 이야기가 젊은이들을 타락시킨다고 걱정했다. 텔레비전이 등장했을 때는 또 어떤가. '바보상자'가 인류를 멍청하게 만들 것이라는 한탄이 여기저기서 튀어 나왔다.

비슷한 걱정은 지금도 계속되고 있다. 스마트폰이 나온 뒤로 사람들이 더 이상 생각하지 않으며 집중력도 약해진다는 비판이 줄곧 나오지 않던가. 과연 인류는 나날이 한심한 모습으로 바뀌고 있을까? 이런 상황을 어떻게 바라보아야 할까?

"문제를 해결하려고 할 때, 그 문제가 발생했을 당시에 가졌던 사고방식으로는 문제를 해결할 수 없다." 알베르트 아인슈타인의 말이다. 새로운 상황에는 다른 사고방식과 접근 방법이 필요하다. 문제는 익숙한 판단 잣대들에서 벗어나기가 쉽지 않다는 점이다. '다르게 생각하는 용기'는 창의적인 인재들이 갖추어야 할 필수 덕목이다. 이런 용기를 기르려면 어떻게 해야 할까? 《왜 우리는 생각대로 행동하지 않을까》는 이 질문에 답을 주는 책이다.

"나는 어떤 사람이고 싶은가?"
"인간의 본질은 무엇인가?"

"내 삶에는 어떤 의미가 있는가?"

이 책에 등장하는 물음들이다. 삶을 제대로 가꾸고 싶다면 이런 물음들을 스스로에게 꼭 던져보아야 한다. 목적지를 모른다면 무작정 달려봐야 무슨 소용 있겠는가. 안타깝게도 우리 가운데 인생의 뿌리가 되는 저런 물음들을 진지하게 고민하는 이들은 많아 보이지 않는다.

내가 어떤 사람이고 싶은지, 인간의 본질은 무엇인지, 내 삶의 의미는 무엇인지 하는 물음은 삶이 버거운 상황에서야 비로소 마음에 다가온다. '내가 도대체 왜 살지?', '내가 무슨 낙을 보겠다고 이 고생일까?' 하는 물음은 인생의 목적과 의미를 탐색하는 물음 아니던가. 그러나 건강은 건강할 때 지켜야 하듯, 마찬가지로 삶의 뿌리가 되는 이런 물음들은 삶이 견실하고 아무 문제없을 때도 끊임없이 자신에게 물어야 하는 것들이다. 뿌리 깊은 나무는 바람에 흔들리지 않는다고 하지 않던가.

이 책은 나의 인생을 '뿌리 깊은 나무'로 만들어 줄 질문들로 가득하다. "친구가 얼마나 많을 수 있을까?", "가치는 보편타당할까?", "관심을 살 수 있을까?", "내가 살고 싶은 사회는 어떤 모습일까?", "은행가는 일 년에 수백만 달러를 벌고, 미용사나 양로원 간호사는 아주 적은 돈을 받아도 괜찮을까?" 등등 하나같이 삶의 근본을 건드리는 깊은 물음들이다.

그럼에도 왜 이런 질문들과 씨름해야 하는지 아직도 이해가 안 되는 이들이 있을지 모르겠다. 가뜩이나 골칫거리가 많아 죽겠는데 왜 이런 '쓸데없는 것'들까지 고민해야 한단 말인가? 도대체 인간의 본질이 무엇인지가 내 인생하고 무슨 상관이 있단 말인가? 이런 의문으로 가슴

답답한 이들에게 지은이는 친절하게 이유를 설명해준다.

인생의 고갱이가 무엇인지를 찾는 일은 헛되지 않다. 인간의 본질이 무엇인지부터 밝혀야 '제대로 사는 인생'이 무엇인지가 가늠되지 않겠는가. 나아가 삶의 의미를 끊임없이 곱씹는 작업은 생각하는 힘을 튼실하게 만드는 '정신의 체조(mental gymnastic)'이기도 하다. 이 책에 등장하는 수많은 질문들을 놓고 틈날 때마다 생각을 정리하다 보면, 어느덧 깊고 정교한 사고를 펼치고 있는 자신을 발견하게 될 것이다.

나아가, 현재는 끊임없는 변화가 일상이 된 시대다. 과거에 당연했던 판단이 현대에는 매우 이상한 생각으로 여겨지는 경우도 적지 않다. 예컨대, 18세기 유럽에서는 남자들이 스타킹을 신었다. 반면, 우리 시대에 스타킹을 좋아하는 남자는 변태 취급 받기 십상이다. 하지만 남자는 스타킹을 신으면 안 된다는 '법칙'이 있을까? 이 물음이 이상하다면 남자는 화장을 하면 안 되는가를 되물어 보라. 10여 년 전만해도 화장은 남자에게 어울리지 않는 듯 여겨졌다. 반면, 지금은 점점 많은 이들이 얼굴 가꾸는 남성을 어색해 하지 않는다. 그렇다면 우리에게 변해서는 안 되는 가치는 무엇이며, 바뀌어도 되는 것은 무엇일까? 이 물음에 대한 답을 찾는 과정은 변화가 일상이 된 세상을 살아가는 데 요긴한 무기가 될 것이다.

"스스로 생각하는 것은 삶의 새로운 시야를 열어준다."
"다르게 생각하는 사람은 다르게 행동할 수 있다."

서문에서 지은이가 들려주는 말이다. 아인슈타인은 "어제와 똑같은 생각을 하면서 다른 미래를 꿈꾸는 것은 정신병 초기 증세다."라고 했다. 근육을 키우려면 운동해야 한다. 마찬가지로 새로운 발상을 내놓는 능력을 키우고 싶다면 끊임없이 생각 연습을 해야 한다. 이 책은 정신의 근육을 키우는 데 최적화 된 '철학교과서'라 할 만 하다. '다르게 생각하고 행동하는 용기'가 필요한 이들에게 적극 권하고 싶다.

참고한 책

나

12, 13쪽: 르네 데카르트, 《철학의 원리》
16쪽: 발터 벤야민, 《역사의 개념에 대하여》
17쪽 생각 실험: 프랭크 잭슨, 미국 월간지 《철학 저널》(83호, 1986)에 실린 〈메리가 몰랐던 것〉 중에서.

인간

24쪽: 헤르만 딜스, 발터 크란츠: 《소크라테스 이전 철학자들의 단편들》
26쪽: 장폴 사르트르, 《실존주의는 휴머니즘이다》
29, 30쪽: 마사 누스바움, *Gerechtigkeit oder das gute Leben*. Frankfurt am Main: Suhrkamp 1998, 《역량의 창조》

자연

40쪽: 알도 레오폴드, 《모래 군의 열두 달》 가운데 〈산처럼 생각하기〉 중에서.
42쪽: 헨리 데이비드 소로, 《월든, 숲 속의 생활》

동물

46쪽: 아르투어 쇼펜하우어, *Psychologische Bemerkungen*. In: Parerga und Paralipomena II.

우정

58쪽: 랠프 월도 에머슨, *Essays. Erster Teil*, übersetzt von Jörg Bernardy.

언어

73쪽 생각 실험: 윌리엄 제임스, 《실용주의》
83쪽: 파울 바츨라비크, *Menschliche Kommunikation: Formen, Störungen, Paradoxien*.
Bern: Huber 2011.

사랑

90쪽: 쿠르트 투홀스키, 연극 잡지 《디 샤우뷔네》(1914년 5월 7일)에 실린 〈로자 베르텐스〉
중에서.
95쪽: 주디스 버틀러, 국제 잡지 《아트포룸》(1992년 11월)에 실린 주디스 버틀러와의 인터뷰
〈당신이 원하는 몸〉 중에서.

사회

103쪽: 토마스 홉스, 《리바이어던》
106쪽: 발터 벤야민, 《역사의 개념에 대하여》
108쪽: 카를 마르크스, 프리드리히 엥겔스 《공산당선언》
115쪽: 카를 마르크스, 프리드리히 엥겔스 《포이어바흐와 독일고전철학의 종말》 중에서.
마르크스는 이 인용문을 프랑스 사회주의자 루이 블랑으로부터 차용했다.
118쪽: 카를 마르크스, 《고타 강령 비판》

미디어

123쪽: 마셜 매클루언, 《플레이보이》에 실린 에릭 노든과의 인터뷰 〈기계들의 생식기〉에
나오는 내용. 매클루언의 주요 저서와 에세이, 인터뷰, 전기적 자료를 발췌한 저서
*Absolute McLuhan*에 실려 있다.
127쪽: 마셜 매클루언, 《미디어의 이해》
128쪽: 마셜 매클루언, 《미디어의 이해》
130쪽: 알랭 드 보통, 《뉴스의 시대》
138쪽: 게오르크 프랑크, *Ökonomie der Aufmerksamkeit*. München: Hanser 1998.

의미

150쪽: 요제프 보이스, 1978년 강연 〈모든 인간은 예술가다. 사회적 유기체의 자유의
형태를 위한 길에서〉

168

152쪽: 발터 벤야민, 《기술복제시대의 예술작품》
155쪽: 파블로 피카소, 다큐멘터리 영화 《파블로 피카소의 삶에서 13일》(2006) 중에서.
156쪽: 빌헬름 슈미트, 2015년 12월 23일자 《디 차이트》에 실린 인터뷰 중에서.
157쪽: 아르투어 쇼펜하우어, 《의지와 표상으로서의 세계》
157쪽: 프리드리히 니체, 《안티크리스트》
158쪽: 에픽테토스, 《엥케이리디온, 도덕에 관한 작은 책》

왜 우리는 생각대로 행동하지 않을까

초판 1쇄 발행	2019년 10월 15일
초판 3쇄 발행	2021년 9월 1일
지은이	외르크 베르나르디
그린이	린다 뵐펠
옮긴이	이수영
펴낸이	송영민
교정교열	최은영, 박찬석
디자인	DesignZoo 장광석
펴낸곳	시금치
주소	서울시 마포구 잔다리로7길 18, 502호
등록	2002년 8월 5일 제2019-000104호
전화	02-725-9401
전송	02-725-9403
페이스북	https://www.facebook.com/spinagebook/
ISBN	978-89-92371-62-9 03100

*책값은 뒤표지에 있습니다.

이 도서의 국립중앙도서관 출판예정도서목록(CIP)은 서지정보유통지원시스템 홈페이지(http://seoji.nl.go.kr)와
국가자료종합목록 구축시스템(http://kolis-net.nl.go.kr)에서 이용하실 수 있습니다. (CIP제어번호 : CIP2019033533)